Maximilian Kotek

Wie beeinflusst die IT-Nutzung das Recruiting und die Unternehmens-performance?

Bibliografische Information der Deutschen Nationalbibliothek:

Die Deutsche Nationalbibliothek verzeichnet diese Publikation in der Deutschen Nationalbibliografie; detaillierte bibliografische Daten sind im Internet über http://dnb.d-nb.de abrufbar.

Impressum:

Copyright © Studylab 2020

Ein Imprint der GRIN Publishing GmbH, München

Druck und Bindung: Books on Demand GmbH, Norderstedt, Germany

Coverbild: GRIN Publishing GmbH | Freepik.com | Flaticon.com | ei8htz

Inhaltsverzeichnis

Abstract V

Abkürzungsverzeichnis VII

Abbildungsverzeichnis VIII

Tabellenverzeichnis IX

1 Einleitung 1

2 Theoretische Grundlagen 4

    2.1 Personalrecruiting 4

    2.2 Unternehmensperformance und IT Infrastruktur 10

    2.3 Ressourcenbasierter Ansatz 12

3 Hypothesenbildung 14

    3.1 Methodik 23

    3.2 Auswertung 26

4 Analyse der Ergebnisse der quantitativen Forschung ... 30

    4.1 Hypothesentest und strukturelles Modell 31

5 Diskussion **37**

6 Schlussfolgerung, zukünftige Forschung und Limitation der Arbeit **42**

    6.1 Theoretische und betriebswirtschaftliche Schlussfolgerungen und zukünftige Forschung 42

    6.2 Limitationen 46

7 Fazit **48**

Literaturverzeichnis **50**

Abstract

Der Schwerpunkt dieser Arbeit liegt auf der Untersuchung der Nutzung von IT im Bereich des Personalrecruitings. Seitdem die Digitalisierung in den vergangenen Jahrzehnten die Arbeitsweise der Unternehmen in allen wirtschaftlichen Bereichen in seinen Grundzügen verändert hat, hat das Interesse von Forschern am Themengebiet der Unternehmensperformance in Korrelation von der verstärkten Nutzung von Informationstechnologien zugenommen. Zudem befinden sich die Unternehmen durch einen immer größer werdenden Fachkräftemangel in einem Kampf um die qualitativ hochwertigsten Mitarbeiter. Daher argumentieren einige Wissenschaftler, dass ein großer Teil der Unternehmensperformance aus eben dieser Qualität an Mitarbeitern für den Unternehmenserfolg von entscheidender Bedeutung ist. In den letzten Jahren hat sich aufgrund dessen eine starke Entwicklung im Bereich Recruitings aufgezeigt, denn mit einer erhöhten Nutzung der IT, wird auch die Performance des Recruitment optimiert, um sich Wettbewerbern gegenüber günstig auf dem Markt zu positionieren. Für diese Arbeit wurde daher eine quantitative Untersuchung mit über 700 Unternehmen durchgeführt, an sich über 77 Unternehmen beteiligt haben. Die Ergebnisse zeigen Active Sourcing sich im Rahmen der IT Nutzung im Recruiting besonders positiv auf die Qualität der Mitarbeiter ausübt. Die Qualität der Mitarbeiter wirkt sich fortführend positiv auf die Unternehmensperformance und die radikalen Innovationen eines Unternehmen aus und korrelierte signifikant mit einander.

The emphasis of this thesis is the scientific analysis of the usage of IT in the field of recruiting. Since the digitalisation changed the working processes in the last few decades in all economic sectors in their main

Abstract

features, scientists are very interested in the field of corporate performance in correlation with information technology and its effects on performance. Furthermore companies are looking for more and more quality employees, which can be seen as war for talents. Therefore some scientists try to explain parts of corporate performance caused through the higher quality of employees, which is seen as crucial for the success of a company. In the last few years there was a noticeable development within the recruiting because the increasing usage of IT, which also increases recruiting performance, is one important factor to gather a good position on the market. For this thesis a empirical study was done with over 700 companies questioned, 77 companies answered.

The results were, that active sourcing in recruiting in combination with usage of IT has a very positiv effect on the quality of employees. High quality of employees effects the corporate performance and the creation of radical innovation positively and correlated significant with each other.

Abkürzungsverzeichnis

IT	Informationstechnologie
CRM	Customer Relationship Management
ERP	Enterprise Resource Planning

Abbildungsverzeichnis

Abbildung 1: Overview of Conceptual Mode 19

Abbildung 2: Results of PLS-SEM Modell with R2 and Q2 Values 32

Tabellenverzeichnis

Tabelle 1: Sample Composition (n=79) 24

Tabelle 2: Correlation 33

Tabelle 3: Hypotheses Testing and Controls Based on PLS-SEM Simulation Results 35

1 Einleitung

Was sind mögliche Einflussfaktoren auf inkrementelle, radikale Innovation und Unternehmensperformance? Mit dieser Fragestellung wurde begonnen nach möglichen Lücken in der Literatur zu suchen. Im Rahmen der Informationstechnologie(IT)-Nutzung, welche großen Einfluss auf die Unternehmensperformance nimmt, wurde man bei der Literaturrecherche fündig. Die Lücke befindet sich im Personalmanagement, genauer, im Recruiting. Dass Mitarbeiterqualität ein potentieller Faktor ist, wurde oftmals im ressourcenbasierten Ansatz thematisiert, denn es ist eine immaterielle Ressource, die dem Unternehmen zur Verfügung steht und besonders in technologie- und wissensintensiven Unternehmen eine entscheidende Rolle im Fortbestand der Wettbewerbsfähigkeit spielt (vgl. Bharadwaj 2000, S. 175 ff.). Doch wie genau wird die Rekrutierung von neuen Arbeitskräften im digitalen Zeitalter umgesetzt und welche Vorteile können Unternehmen aus der Digitalisierung ziehen? Denn nach der Industrialisierung stellt wohl die Digitalisierung einen der größten wirtschaftlichen Umbrüche dar. Und mit der Veränderung, kommen die Herausforderungen. Viele Firmen identifizieren Innovation als einen der stärksten Treiber um auf lange Sicht wettbewerbsfähig zu bleiben (vgl. Alexander/van Knippenberg 2014, S 423). Quintessenz des Ganzen ist jedoch, dass durch technologische Fortschritte die Anforderungen an Unternehmen und ihre Mitarbeiter zunehmend komplexer werden und auch traditionelle Managementansätze mit ihren strategischen Implikationen nur limitiert anwendbar sind. Ebenso dabei zu erwähnen ist, dass der demographische Wandel (vgl. Richenhagen 2007, S. 3 ff.) und der Mangel an passendem Fachpersonal (vgl. Wottawa/Kirchbach/Montel/Oenning 2005, S. 161f.) maßgeblichen

Einfluss auf die Verfügbarkeit von Nachwuchskräften hat und dass die Schere zwischen Angebot und Nachfrage an jungen Mitarbeitern immer größer wird (vgl. Konradt/Sarges 2003, S. 14). Dies wird oftmals in den Kontext des „war for talents" (vgl. Chambers/Foulon/Handfield-Jones/Hankin/Michaels1998, S. 45 f.) gesetzt.

Die grundlegende Fragestellung für diese Arbeit, aber auch die durchgeführte empirische Untersuchung ist daher, inwiefern IT Nutzung im Bereich des Recruitings die Mitarbeiterqualität und somit eben auch die Unternehmensperformance beeinflusst. Dabei wird jedoch nicht nur beleuchtet, in welchem Zusammenhang IT Nutzung, Mitarbeiterqualität und Unternehmensperformance zueinander stehen, sondern auch die Rollen von IT Infrastrukutur und Top Management Support überprüft. Zuästzlich wurden zwei weitere Outcomes untersucht, welche mit der Mitarbeiterqualität, der radikalen und der inkrementellen Innovation im Zusammenhang stehen. Um dies in einem ausreichenden Ausmaß zu thematisieren, wird im Rahmen des ersten Teils die zugrundelegende Theorie dargelegt, wie Recruiting in der Literatur verstanden wird, welche Funktion IT Nutzung im Unternehmen einnimmt und inwiefern Unternehmsperformance mit diesen Themen verknüpft ist. Des Weiteren reiht sich der ressourcenbasierte Ansatz als strategisches Tool ein, welcher erklärt, inwiefern auch Recruiting eine strategische Funktion im Unternehmen übernimmt. Nachdem der theoretische Bezugsrahmen geschaffen wird, sollen im darauffolgenden Teil die Hypothesenbildung, die angewandte Methodik, die Auswertung der Forschungsergebnisse der empirischen Untersuchung und der Hypothesentest durchgeführt werden. Im Gang dieser Untersuchung wurden sechs Hypothessen herausgearbeitet :

H1: Die firmeninterne Nutzung der IT im Bereich des Recruitings beeinflusst die Qualität der Mitarbeiter auf eine positive Art.

H2a: Eine gesteigerte Mitarbeiterqualität hat einen positiven Einfluss auf die vom Unternehmen erzielten radikalen Innovationen.

H2b: Eine gesteigerte Mitarbeiterqualität hat einen positiven Einfluss auf die Unternehmensperformance.

H2c: Eine gesteigerte Mitarbeiterqualität hat einen positiven Einfluss auf die vom Unternehmen erzielten inkrementellen Innovationen.

H3: Die Unterstützung des Top Managements hat eine moderierende Wirkung auf die firmeninterne Nutzung der IT im Bereich des Recruitings und die damit einhergehende positive Beeinflussung der Qualität der Mitarbeiter.

H4: Die Unterstützung einer gut aufgebauten IT Infrastruktur hat eine moderierende Wirkung auf die firmeninterne Nutzung der IT im Bereich des Recruitings und die damit einhergehende positive Beeinflussung der Mitarbeiterqualität.

Abschließend werden die erhaltenen Ergebnisse diskutiert und durch literarische Hilfestellung zu untermauern oder zu erklären. Daraufhin folgt eine theoretische und betriebswirtschaftliche Schlussfolgerung mit Implikationen für zukünftige Forschungen und Limitationen an der eigenen Arbeit.

2 Theoretische Grundlagen

In diesem Kapitel soll ein theoretischer Rahmen geschaffen werden für die darauffolgende Analyse der Daten, welche bei der quantitativen Untersuchung erhoben wurden. Zunächst soll erklärt werden, in welchem Ausmaß die Nutzung von IT die Unternehmensperformance beeinflusst. Dann wird dies in einen Kontext mit der Nutzung von IT im Bereich des Recruitings eingebettet. Anschließend soll deutlich gemacht werden, ob und inwiefern die Ausprägung von IT Nutzung einen Wettbewerbsvorteil schafft. Sei es im wirtschaftlichen Rahmen oder im Bezug auf den „war for talents" (vgl. Chambers et al. 1998, S. 45 f.). Viele Unternehmen stehen zum jetzigen Zeitpunkt vor einer großen Herausforderung hinsichtlich der Rekrutierung von neuem Personal durch den vom demographischen Wandel (vgl. Richenhagen 2007, S. 3ff.) verursachten Mangel an passenden Mitarbeitern bzw. Fachkräften (vgl. Wottawa, Kirchbach, Montel & Oenning 2005, S.161 f.). Denn Fakt ist, dass durch den steigenden Grad an Digitalisierung in Unternehmen, eine disruptive Veränderung in der Arbeitsweise eine enorme Herausforderung darstellt. Zeitgleich jedoch eröffnet sie auch neue Möglichkeiten, sei es in Geschäftsfeldern, Prozessen oder Arbeitsweisen (vgl. Porter/Heppelmann 2015, S. 107f.). Um diesen Herausforderungen entgegenzutreten ist es wichtig einige Faktoren zu berücksichtigen, welche im Folgenden erläutert werden.

2.1 Personalrecruiting

Das Personalmanagement wird durch die Dynamik der IT in vielfacher Form beeinflusst. Die Neuerungen, die durch Informationstechnologien unterstützt werden, vereinfachen organisatorische Abläufe, bringen damit aber auch neue Anforderungen im Bereich des eRecruitings mit sich (vgl. Scholz, S.12ff.). Personalmanagement sollte als ein durch die Unternehmensstrategie getriebener Unternehmensbereich gesehen werden, welcher sich ebenfalls nach der Zielausrichtung steuern lässt. Dabei ist grundlegende Literatur wie von Ansoff (1966) und Porter (1980) in Betracht zu ziehen, welche besagt, dass sich eine Unternehmensstrategie über Zeiträume und Aktionsräume definiert und sich dabei auf die Erschließung, Nutzung und Sicherung von Erfolgspotential des Unternehmens fokussiert(vgl. Dess/Davis1984, S. 468ff.). Dies ist ein wichtiger Grundbaustein dieser Arbeit, da Personalstrategien und Unternehmensstrategien zwar differenziert von einander betrachtet werden können, hier allerdings ein Ansatz gewählt wurde, bei welchem die Personalstrategie der Unternehmensstrategie folgt. Dies bedeutet, dass die Unternehmensstrategie Vorgaben hinsichtlich der Produkt- und Marktstrategie ausarbeitet, aus der sich die Handelsweise der Personalarbeit ableiten lässt. Die Personalstrategie ist daher als derivativ zu betrachten und hat lediglich Einfluss, falls Zielvorgaben der Unternehmensstrategie nicht umgesetzt werden können (vgl. Kolb 2010, S. 190f.).

Recruiting ist eine Teilfunktion des Personalmanagements. Sie erfüllt die Aufgabe, eine Organisation mit benötigten Arbeitskräften zu versorgen und in Anbetracht von Qualität, Quantität, Zeit und räumlichen Aspekten zu rekrutieren. Das Recruiting wird im Falle einer personellen Unterdeckung verwendet. Eine strategische Personalbedarfsermittlung ist dafür essentiell, jedoch nicht immer möglich (vgl. Suder/Kilius 2011, S. 49). Daher müssen verschiedene Teilaspekte für das Recruiting beachtet werden. So findet bei nur zeitlichem begrenztem Personalmange beispielsweiseeine Anpassung personeller Kapazitäten durch die Verwendung von Arbeitnehmerüberlassung statt. Dies bedeutet, dass Persoanldienstleister hinzugezogen werden, welche die zukünftigen Arbeitnehmer anstellen, um deren Arbeitskraft einem anderen Unternehmen zur Verfügung zu stellen. Personaldienstleister führen eine Vielzahl an Tätigkeiten aus, welche das Recruiting eines Unternehmen mitunter redundant werden lassen. So können Personaldienstleister beispielsweise die Personalplanung abwickeln, Stellenbeschreibungen erstellen, sowie die Auswertung von eingehenden Bewerbungen bis hin zur Einstellung von Bewerbern und der damit einhergehenden Vertragsverhandlung übernehmen. Diese Art der personellen Anpassung findet oftmals in saisonellen Arbeiten seine Anwendung, ist für diese Arbeit aber nicht von Relevanz und wird daher nicht näher beleuchtet. Ein anderer Aspekt wäre die Anpassung der personellen Unterdeckung durch eine Erhöhung des Personalstands durch eine Neueinstellung. Hierfür wird in der Arbeit des Recruitings die vakante Jobposition veröffentlicht, ein gewisser zeitlicher Rahmen für das ausreichende Eintreffen von Bewerbungen gewährleistet, im Anschluss eine Selektion der potentiellen Mitarbeiter durchgeführt, sowie eine mögliche Vielzahl an Bewerbungsgesprächen oder Assessment Center verwendet um den am besten geeigneten Mitarbeiter zu finden (vgl. Maier 2009, S. 54). Der dritte Aspekt bezieht sich auf die interne Personalgewinnung. Dabei werden bereits angestellte Mitarbeiter durch eine Versetzung auf die vakante Postion mithilfe einer Beförderung umverteilt. Dies bezieht somit entweder den zweiten Teil des Recruiting, also die personelle Neueinstellung mit ein oder aber es werden Stellen und Funktionen zusammengelegt, umverteilt oder gar eleminiert und in ausländische Unternehmensteile verlagert. Für die interne Personalbeschaffung wird häufig das Intranet des jeweiligen Unternehmens als interner Stellenausschreibungsort verwendet. Das Recruiting kann entweder eine Teilfaufgabe eines Personalers der Personalabteilung sein oder eine klar definierte Aufgabe für einen oder mehrere Mitarbeiter der Personalabteilung, welche sich dann hauptsächlich damit befassen. Aufgrund der Tatsache, dass das Recruiting für die personelle Kompetenz und das Wissen, welches Einzug in das Unternehmen hält, verantwortlich ist, kann die Selektion und das Einstellen von künftigen Mitarbeitern als eine strategische Aufgabe angesehen werden. Die Qualität der Mitarbeiter hat einen großen Einfluss auf die erfolgreiche Erfüllung der Unternehmensziele, da diese die Unternehmensziele durch individuelle Ausprägung und Kompetenz stützen, daher sollte die strategische Ausrichtung des Unternehmens auch mit in die Entscheidung über das zu rekrutierende Personal einfließen.

Dabei ist nicht nur wichtig, welche Funktionen das Recruiting im Unternehmen hat, sondern auch über welche Kanäle diese Funktionen wirksam werden. Durch den immer weiter ansteigenden Grad der digitalisierten Unternehmensarbeit, verschiebt sich auch die jeweilige Relevanz der jeweiligen Kanäle, welche Bewerber, egal ob aktiv oder passiv, akquirieren. Die traditionelle Art der Stellenbesetzung ist für das digitalisierte Zeitalter zu langsam und zu kostenintensiv worden (vgl. Steiner2009, S. 161 ff.). Schneller und damit effizienter sind hingegen das Personalmarketing, das Social Recruiting, Empfehlungen, die Direktansprache, die Selektion oder die Talent Akquisition. Im Rahmen dieser Arbeit wird besonderer Fokus auf die Kanäle des Personalmarketings, des Social Recruiting und der Talent Acquisition gelegt. Begonnen werden soll mit dem Personalmarketing, einer Recruitingmethode, welche sich besonders auf Jobbörsen, Kariereplattformen und Anzeigen in Social Media fokussiert, demnach der Representation des Unternehmen und damit potentielle Chancen bietet, da dieser Bereich von einer Vielzahl an Unternehmen noch nicht ausgereizt wird (vgl. Suder/Kilius 2011, S. 48 ff.). Das Social Recruiting ist ein großer Teil gängiger Recruitingmethoden, welcher sich in fünf Unterpunkte ausdifferenzieren lässt. Diese bestehen aus Sourcing, Screening, Selektion, Employment Branding und Empfehlung. Das Sourcing lässt sich dabei weiter in Profile-Mining, Open-Web Search oder Talentmining nach Potenzialträgern wie Hochschulabsolventen unterteilen (vgl. Jasper/Wählisch 2004, S. 60). Dabei werden Hochschulabsolventen auch oftmals direkt angeworben (vgl. Scherm/Süß 2011, S. 31). Beim Screening, dem Durchleuchten der Referenzen und Empfehlungen, können vor allem hohe Verbesserungen im Rahmen von Geschwindigkeit, Effizienz und Qualität herausgearbeitet werden (vgl. Buckley/Minette/Joy/Michaels 2004, S. 234 f.). Bei der Selektion, sei es durch Video Interviews oder der datenbasierten predictive talent selection, geht es vor allem darum Kosten einzusparen, denn aus dem herausgearbeiteten Teil an Bewerbern, die wirklich in Frage kommen, gilt es den Besten zu rekrutieren. Dabei ist nicht zwangsläufig von der Qualifikation die Rede, sondern auch, welcher Bewerber am besten in eine langfristige Beschäftigung hineinpasst, da ein Bewerber mit hoher Fluktuationswahrscheinlichkeit ein Kostenfaktor ist, welchen es zu berücksichtigen gilt (vgl. Bonn/Forbringer, 1992, S. 48 ff.). Das Employment Branding, das Recruiter - und Recruiting Branding, ist ein wichtiger Punkt, denn es geht um die äußere Wahrnehmung des Unternehmens auf dem Arbeitsmarkt (vgl. Gardner/Erhardt/Martin-Rios 2011, S.). Dabei ist vor allem wichtig, wie ein Unternehmen von potentiellen Mitarbeitern gesehen wird und was sie sich für Konditionen bei einer möglichen Anstellung vorstellen. Sei es eine attraktive Vergütung, ein interessantes Arbeitsfeld oder doch das Potential in der Karriere Fortschritte zu erzielen. Diese

Vorstellung von Arbeitsbedingungen vor einer Anstellung sind davon geprägt, wie sich das Unternehmen nach außen als Arbeitgeber positioniert. Dabei sind die Kanäle zur Erzielung einer attraktiven Positionierung auf dem Arbeitsmarkt vielfältig, denn auch unternehmenseigene Mitarbeiter können dazu verhelfen, dass ein Unternehmen als attraktive Arbeitsstätte angesehen wird (vgl. Gardner, Erhardt, & Martin-Rios 2011, S. 254 f.). Und zuletzt, der Empfehlungen, bestehend aus Social Media, Kontaktnetzwerken, aber auch den eigenen Mitarbeiter. Der letzte Teil der Recruitingmethoden, welcher in dieser Arbeit und der empirischen Untersuchung betrachtet werden soll, ist die Talent Acquisition. Dabei wird eine Vielzahl von Kanälen aktiviert, darunter Foren, Blogs, Search Engine Optimisation, Job-Newsletter oder auch internes Personalmarketing. Die Möglichkeiten für effektives Talent Acquisition sind vielfältig (vgl. Tyagi 2012. S. 151 ff.). Dafür wird vor allem der Bereich des Active Sourcing analyisiert - eines der für diese Arbeit ausgewählten Konstrukte - und im Rahmen der Untersuchung mit Einbindung in die Hypothesenbildung getestet. Denn eine Vielzahl an Vorteilen lassen sich durch den Einsatz von E-Recruiting Tools in Form von Kosten, aber auch Zeitersparnissen, sowie Qualitätsverbesserungen erzielen (vgl. Weitzel et al. 2009, S. 8 f.). Die Vorteile können sich zum einen in einer leichteren Auswertung der erhaltenen Bewerbungen, zum anderen in der Beschleunigung des Prozesses der Bewerberauswahl äußern (vgl. Konradt/Sarges 2003, S. 14).

2.2 Unternehmensperformance und IT Infrastruktur

Die Beeinflussung der IT auf die Unternehmensperformance wird bereits erforscht und ist eines des entscheidenden Forschungsfelder, wenn es darum geht, welchen Nutzen und welche Vorteile IT Systeme für die Unternehmen haben (vgl. Devaraj/Kohli 2003, S. 283 ff.; Tanriverdi 2005, S. 311 f.). Viele Studien haben versucht zu verstehen, welche konkrete Rolle die IT Nutzung im Zusammenhang mit der Unternehmensperformance spielt.Deshalb wurde immer stärker das Themenfeld der IT Leistungsfähigkeit eines Unternehmens betrachtet (vgl. Liu/Ke/Wie/Hua 2013, S. 1454 ff.). Hierbei wird versucht zu ermitteln, welches Potential die IT Ressourcen eines Unternehmens auf den Unternehmensoutput haben. Daher gilt es in Betracht zu ziehen, dass IT Nutzung nicht nur einen wertschöpfenden Charakter besitzt, sondern auch dafür sorgt, dass Prozesse und vor allem Informationen schneller verarbeitet werden können, wie es beispielsweise in Supply Chain Prozessen der Fall ist, da dort eine koordinativer Informationsfluss für schnellere Interaktion sorgt (vgl. Liu/Ke/Wie/Hua 2013, S. 1454). Es ist wohl davon auszugehen, dass IT Nutzung einen positiven Einfluss auf die Unternehmensleistung hat, dieser sich aber oftmals zunächst in den Prozessabläufen äußert. Demnach ist die konkrete Leistung, welche IT für das Unternehmen darstellt, nicht ganz klar zu beziffern. Bei der Verwendung von IT spielt nicht nur die Nutzung und somit die Fähigkeit der Mitarbeiter mit IT effektiv umzugehen eine Rolle, sondern auch der Rahmen, in welchem die IT Infrastruktur aufgebaut ist. Hier ist nicht nur die Kommunikation und die damit verbundene Informationsübertragung ein wichtiger Bestandteil, sondern auch die Datenbank, welche Informationen über Kunden des Unternehmens bereithält, wie beispielsweise ein Customer Relationship Management (CRM) oder Enterprise Resource

Planning (ERP) Tool. CRM Tools sind dabei besonders entscheidende Systeme, welche es einem Unternehmen ermöglichen auf vergangene Verkäufe, bereits geleistete Dienstleistungen, aber auch ungelöste Probleme zuzugreifen, um somit eine optimale Kundenbetreuung zu gewährleisten(vgl. Nguyen/Sherif/Newby 2007, S. 108 ff.). Sollten CRM Tools jedoch in einem ausreichenden Umfang gepflegt und mit in Arbeitsprozesse involviert werden, kann es ein sehr wertvolles und auch wertschöpfendes Arbeitsmittel sein, da es die Kundenzufriedenheit erhöht und die erzielten Umsätze verstärkt(vgl. Nguyen/Sherif/Newby 2007, S. 108 ff.). Auch ERP Systeme sind wichtige Tools, da sie als eine Art Planungssystem verwendet werden können, um unternehmenseigene Ressourcen, wie finanzielle Mittel oder Personal im Sinne des Unternehmens bedarfsgerecht zu steuern. Daher ist ERP ein geeignetes Arbeitsmittel um unternehmerische, sowie operative Effizenz zu fördern (vgl. Chou/Chang 2008, S. 150 ff.). Auch ein eigenes Informationssystem oder Wiki ist eine Basis um dafür zu sorgen, dass alle Mitarbeiter den selben Zugang zu wichtigen Informationen erhalten. Die Intensität, mit welcher ein Unternehmen jedoch IT lebt und integriert, auch im Bereich der IT Infrastruktur, sollte getrieben durch die Unternehmensstrategie sein und mit dem Ausblick in die Zukunft verknüpft werden (vgl. Broadbent/Weill 1997, S. 89 ff.). Jedoch wurde bei der Erstellung dieser Arbeit festgestellt, dass oftmals die Unternehmensperformance Effekte auf die finanzielle Leistungsfähigkeit, also die Generierung von Umsätzen eines Unternehmens hat und nicht die einzelnen Teilbereiche eines Unternehmens als wichtige Säulen des unternehmerischen Erfolgs fungieren. Daher wird im Rahmen dessen vermutet, dass ein positiver Einfluss einer IT Nutzung auch im Bereich des Recruitings stattfindet, da die Neueinstellungen, temporären Arbeitnehmerüberlassungsverträge oder interne Personalgewinnung als Teil der Organisation mitverantwortlich für deren Erfolg und auch Innovation sind.

2.3 Ressourcenbasierter Ansatz

Eine weitere theoretische Grundlage, auf welcher diese Arbeit basiert ist die Umsetzung des ressourcenbasierten Ansatzes (vgl. Barney 1991, S. 106 ff.; Eisenhardt and Schoovenhoven 1996, S. 137 f.; Penrose 1959, S. 14 ff.). Dieses Konzept wird als Teil der strategischen Planung im strategischen Management verstanden. Dabei wird das Augenmerk besonders auf unternehmenseigene Kompetenzen und Fähigkeiten gelegt, welche zur Verschaffung eines Wettbewerbsvorteils gegenüber der Konkurrenz führen können. Durch optimale Nutzungsweise dieser Kompetenzen wird eine starke Marktposition kreiert. Das Bewusstwerden von eigenen Kompetenzen und Stärken und die darausfolgende Orientierung, wird auch Inside-Out-Verfahren genannt. Diese Kompetenzen und Fähigkeiten die einem Unternehmen einen Wettbewerbsvorteil verschaffen können, sind vielfältig vorfindbar. Dabei wird zwischen tangiblen und intangiblen Ressourcen unterschieden. Die tangiblen Ressourcen beziehen sich beispielsweise auf die Produktionsanlagen des Unternehmens. Wohingegen die intangiblen Ressourcen wohl den wertvolleren Wettbewerbsvorteil darstellen, da sie nicht so leicht imitierbar sind und somit eine Überlegenheit dem Konkurrenten gegenüber darstellen (vgl. Amit/Schoemaker 1993, S. 33 f.). Solch eine intangible Ressource oder immaterielle Ressource wäre unter anderem, dass durch langjährige Erfahrungen und sehr gute Beziehung zu Lieferanten die Kostenstruktur kostengünstig gestaltet ist. Weitere unternehmenseigene

Kompetenzen,stellen personelle, sowie finanzielle Ressourcen dar. Vor allem die personelle Ressource wird in der hier vorliegenden Arbeit betrachtet, da diese auch während der Literaturrecherche auffallend häufig als eine strategische Ressource genannt wurde (vgl. Suder/Kilius2011, S. 49). Auch die Leistungsfähigkeit der IT im Unternehmen ist eine solche strategische Ressource, denn auch sie ist nicht einfach zu imitieren, da die Komplexität und auch die Integration in ein bestehendes Unternehmenssystem oftmals mit hohen Kosten, aber auch anderen unternehmensrelevanten Ressourcen wie Zeit und Know-How verbunden ist (vgl. Bharadwaj 2000, S. 175 ff.). Ein weiterer Ansatzpunkt ist die Nutzung der IT im Zusammenhang mit der HR, denn dies könnte aus Sicht des ressourcenbasierten Ansatzes ebenfalls eine gewichtige Rolle spielen, um sich einen Wettbewerbsvorteil zu verschaffen. Die IT Nutzung ist dabei vor allem als immaterielle Ressource anzusehen, denn IT im Unternehmen bzw. die IT Infratruktur, eröffnet die Möglichkeit der schnelleren Eingliederung von IT Applikationen. Die IT Infrastruktur erleicht also die Nutzung und kombiniert zwei immaterielle Ressourcen des Unternehmens : Personalmanagement und IT (vgl. Bharadwaj 2000, S. 176 ff.). Zwar ist die verstärkte Nutzung der IT kein direkter Indikator für eine stärkere Unternehmensperformance, jedoch wird in Betracht gezogen, dass die Leistungsfähigkeit der IT im Unternehmen mit effizienteren Unternehmensprozessen in Verbindung steht.

3 Hypothesenbildung

Die Intention dieser Arbeit und der Untersuchung ist es mehr über den kausalen Zusammenhang zwischen der Nutzung von IT im Bereich des Recruitings zu finden und darüber Rückschlüsse auf die Unternehmensperformance zu ziehen. Die Schwierigkeit dabei ist jedoch, dass die Forschung bisher den Zusammenhang der Nutzung von IT und der Leistung von den Recruitingbeauftragten des Unternehmen in Anbetracht der Unternehmensperformance nicht ergründet hat. Daher wurden im Laufe der Untersuchung sechs Hypothesen aufgestellt. Deren Faktoren sind bereits erforscht und betrachtet worden, jedoch wurde zwischen ihnen nicht versucht eine Kausalverknüpfung zu finden. Daher wird bei der Hypothesenbildung in diesem Teil der Arbeit versucht, aus bestehenden Forschungsergebnissen, auf kausale Zusammenhänge zu schließen, welche im Nachgang in der Analyse der Daten entweder bestätigt oder abgelehnt werden. Die gegenwärtige Studienlage bestätigt, dass verstärkte Nutzung von IT im Bereich des Supply Chain Management zu einer erhöhten Performance führt (vgl. Liu/Ke/Wie/Hua 2013, S. 1454 ff.). Dabei wurden Prozessketten als beschleunigt dargestellt, sowie auch die Interaktion zwischen den verschiedenen Unternehmensbereichen (vgl. Liu/Ke/Wie/Hua 2013, S. 1454 ff.). Im Rahmen dieser Hypothesenbildung wurde daher nicht nur angenommen, dass ausschließlich die Unternehmensperformance, sondern auch Teilbereiche des Unternehmens positiv durch die IT beeinflusst werden. Dies wurde im weiteren Verlauf als Annahme auf die Leistungsfähigkeit des Personalmangements, speziell des Recruitings transferiert. Daher ist die Annahme, dass nicht nur mehr und damit auch qualitativ hochwertigere Kandidaten für eine vakante Jobposition gefunden werden, sondern eben auch die Professionalität und die äußere Wahrnehmung, welche das Unternehmen durch eine weite Streuung der Bewerbungskanäle erreicht, verbessert wird. Des Weiteren sind Auswahlprozesse deutlich vereinfacht, da durch eine digital vorliegende Bewerbung die Arbeitsweise deutlich effzienter gestaltet wird. Dadurch wird nicht nur die Dauer der Prüfung der Bewerbungsunterlagen optimiert, sondern auch die Kommunikation mit den potentiellen Kandidaten gefördert. Durch eine schnellere Kommunikation, eine bessere Auswahl und die Streuung der Bewerbungskanäle, sowie der Positionierung als aktiver und passiver Teil des Arbeitsmarktes, soll ein verstärkter Effekt auf die Mitarbeiterqualität erzielt werden. Da im vorherigen Teil der Arbeit bereits erklärt wurde, dass im Verständnis des ressourcenbasierten Ansatzes, sowohl Qualität der Mitarbeiter, als auch IT Nutzung im Unternehmen als immaterielle Ressourcen gelten, können beide im Rahmen der Hypothesenbildung zu einem Anstieg der Unternehmensleistung führen. Dies ist jedoch nicht der einzige Effekt, der durch die erhöhte Mitarbeiterqualität positiv beeinflusst wird. Die Qualität der Mitarbeiter wirkt sich zusätzlich positiv auf die inkrementellen und die radikalen Innovationen im Unternehmen aus. Dabei muss berücksichtigt werden, dass sowohl inkrementelle, als auch bzw. besonders radikale Innovationen dafür sorgen, dass die Unternehmensperformance und die Platzierung des Unternehmens auf dem Markt deutlich verbessert wird, da man sich hierdurch einen Wettbewerbsvorteil kreiert. Hier ist jedoch anzumerken, dass nicht zwangsläufig die Unternehmensperformance den Wettbewerbsvorteil schafft. Auch eine gesteigerte Kundenzufriedenheit mit den unternehmenseigenen Produkten bzw. Dienstleistungen ist eine Verbesserung, ebenso wie eine gesteigerte technologische Wettbewerbsfähigkeit (vgl. Terziovski 2002, S. 11).

Diese ist dadurch begründet, dass durch stetig fortschreitende Verbesserungen der eigenen Produkte bzw. Dienstleistungen, auch die unternehmenseigene Leistungsfähigkeit im Bereich der IT verbessert wird (vgl. Terziovski 2002, S. 11). Daher dürfte die kausale Verknüpfung der beiden Thematiken, des Recruitings und der IT Nutzung im Unternehmen, logisch sein. Hinzuzufügend ist, dass zwischen diesen beiden erforschten Gebieten noch zwei Moderatoren aufgegriffen wurden. Der erste Moderator, welcher die Wirkung der IT Nutzung im Bereich des Recruiting auf die Mitarbeiterqualität verstärkt, ist die Unterstützung des Top Managements. Dabei ist nicht nur die Unterstützung zur aktiven Verwendung von IT Tools im Arbeitsalltag gemeint, sondern vor allem, dass sich das Management in den Prozess miteinbindet (vgl. Krumbholz/Maiden 2001, S. 185 f.; Nandhakumar et al. 2005, S. 221 ff.). Dies bedeutet nicht nur eine Implementierung des Top Managements, während des Einbindens neuer Prozesse oder IT Systeme im Unternehmen, sondern eine fortlaufende Einbindung des Top Managements in die Entwicklung der IT Infrastruktur des Unternehmens (vgl. Ifinedo 2008, S. 561). Der zweite Moderator hingegen ist die IT Infrastruktur. Diese ist dafür verantwortlich, das Prozesse und Arbeitsabläufe im Unternehmen miteinander harmonieren und in Verbindung miteinander eingesetzt werden können. Des Weiteren soll ein Transfer in andere, unternehmensinterne Systeme gewährleistet werden, wodurch die Arbeit erleichtert und die Leistungsfähigkeit gesteigert werden soll. Die Hypothesen wurden ebenfalls in einem Schaubild dargestellt und visualisiert, um damit zusammenfassend, besser betrachtet werden zu können.

H1: Die firmeninterne Nutzung der IT im Bereich des Recruitings beeinflusst die Qualität der Mitarbeiter auf eine positive Art

Es ist aufgrund von einer Vielzahl an Untersuchungen, Studien und Forschungen bekannt, dass die Verwendung von IT einen positiven Effekt auf die Unternehmensperformance ausübt (vgl. Bharadwaj 2000, S. 175 ff.). Dies wird oftmals aber aus einem holistischen Blickwinkel betrachtet, welcher nicht die Leistungsfähigkeit einzelner Unternehmensbereiche berücksichtigt, sondern lediglich festhält, dass Prozesse in verschiedenen Bereichen des Unternehmens durch eine verstärkte IT Nutzung effizienter und effektiver gestaltet werden (vgl. Pavlou/El Sawy 2006, S. 199 f.). Einer dieser Bereiche ist HR, spezieller gesehen, das Recruiting. Natürlich spielt auch der Zustand der IT Infrastruktur für die Nutzung der IT eine Rolle, denn die Vernetzung innerhalb der Organisation muss gewährleistet sein, um eine optimierte Arbeitsweise zu ermöglichen. Nur durch eine hinreichende IT Infrastruktur ist es möglich die IT Nutzung und ihre Mehrverwendung in einen Zusammenhang mit der gesteigerten Mitarbeiterqualität zu bringen (vgl. Bharadwaj 2000, S.175 ff.). Durch eine gesteigerte Qualität der Infrastruktur, wird es der Organisation auch ermöglicht neuere IT Systeme und Programme einzuführen, durch welche auch im Recruiting Prozess verbessert werden (vgl. Melville et al.2004, S. 283 f.). Durch die Verbesserung bzw. Einführung solcher Systeme und Programme sollte das Outcome eines Recruitingprozesses positiv beeinflusst werden. Dies wird im Folgenden getestet an:

H2a: Eine gesteigerte Mitarbeiterqualität hat einen positiven Einfluss auf die vom Unternehmen erzielten radikalen Innovationen

Ein Unternehmen hat eine Vielzahl von Möglichkeiten um sich auf dem Markt passend zu positionieren, sei es durch eine effiziente Kostenführerschaft, durch eine starke Differenzierung zu Konkurrenten oder eben durch das Anstreben von radikalen Innovationen, welche einem den First Mover Vorteil verschaffen. Dieser kann durch einen Einstieg zu einem frühen Zeitpunkt zu überdurchschnittlich hohen Umsätzen führen (vgl. Lieberman/Montgomery 1988, S. 54 f.). Daraus resultiert, dass eine Vielzahl an positiven Ereignissen für das Unternehmen mit der radikalen Innovation eintreffen können, sei es die Erschließung von Distributionskanälen, der Entwicklung von einer positiven Marktreputation oder die Bildung von geschäftlichen Partnerschaften, bevor die anderen Marktteilnehmer im Stande sind das Produkt oder die Dienstleistung zu imitieren. Dieser Wettbewerbsvorteil kann Organisationen eine starke Position in der Marktwirtschaft verschaffen, denn oftmals werden radikale Innovationen in Verbindung mit langjährigem Wirtschaftswachstum eines Unternehmen gesetzt (vgl. Blundell/Griffith/van Reenen 1999, S. 138 f.).Innovation ist daher als ein wichtiger Wettbewerbsvorteil zu identifizieren (vgl. Tidd/Bessant2001, S. 2 ff.), da es eine stark wertschöpfende Unternehmensaktivität ist (vgl. Amit/Zott 2001, S. 515 f.; He/Wang 2009, S. 933) Dabei muss jedoch berücksichtigt werden, wie diese erreicht wird. Oftmals sind hierfür hochqualifizierte Mitarbeiter notwendig, welche durch das Mitbringen von Wissen, Kompetenzen und Fähigkeiten Neues kreieren. Auch die damit einhergehende hohe Verwendung von anderen unternehmensinternen Ressourcen gilt es zu beachten, denn sowohl finanzielle wie auch organisatorische

Ressourcen sind ein wichtiger Teil von radikalen Innovationen. Dies erzeugt natürlich eine gewisse Dringlichkeit des Erfolgs, da ansonsten ein großer Teil an Energie, welcher in diese Resourcen investiert wird, verloren geht, falls eine radikale Innovation scheitert oder von einem Konkurrenten auf dem Markt zuerst umgesetzt wird. Daher ist eine hohe Ambiguitätstoleranz hinsichtlich der Ungewissheit, ob eine radikale Innovation vom Markt akzeptiert wird, unverzichtlich für Unternehmen mit diesen Bestrebungen (vgl. McDermott/O'Connor 2002, S. 433). Jedoch sind radikale Innovationen auch dadurch zu charakterisieren, dass bei erfolgreicher Umsetzung sehr viel technologische, aber auch sehr viel interne Kompetenz erzeugt werden, welche für den weiteren Verlauf des Produktes entscheidend sind. Dies ist allerdings ein abzuwägendes Risiko des jeweiligen Unternehmens, da radikale Innovationen oftmals verstärkt langfristigen Erfolg fokussieren (vgl. McDermott/O'Connor 2002, S. 433). Es gibt aber noch einige andere Faktoren, auf die die gesteigerte Mitarbeiterqualität Einfluss nimmt, ein weiterer Punkt ist daher:

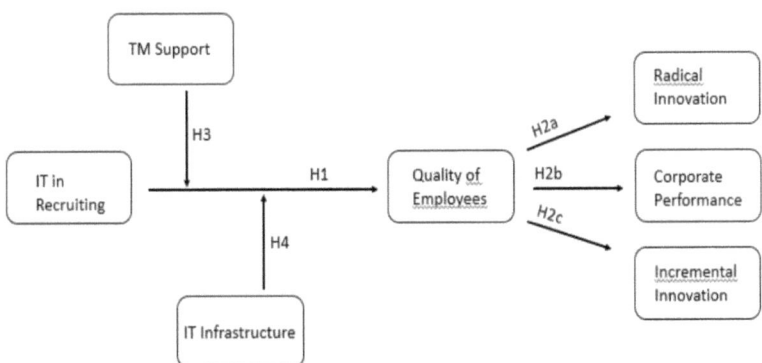

Abbildung 1: Overview of Conceptual Mode
Quelle: Eigene Darstellung

H2b: Eine gesteigerte Mitarbeiterqualität hat einen positiven Einfluss auf die Unternehmensperformance.

Ein weiterer Faktor der durch die Einbringung von hoch qualifiziertem Personal beeinflusst wird, ist die Unternehmensperformance. Dabei wird vor allem die finanzielle Unternehmensperformance betrachtet - in diesem Fall unter anderem die generierten Umsätze des Unternehmens -, welche aus der Einbindung der Mitarbeiter in jeden Unternehmensbereich resultiert und durch deren Erfahrung, Kompetenz und Wissen in einzelnen Unternehmensbereichen zu verbesserten Arbeitsprozessen führt. Humanressourcen spielen vorallem in stark wissensgetriebenen und informationsbasierten Wirtschaftsbereichen eine entscheidene Rolle, da sie eine der wertvollsten Ressourcen darstellen (vgl. Bartlett/Ghoshall 2002, S. 33 ff.). Diesbezüglich können fähige und motivierte Mitarbeiter speziell für diesen Bereich der Wirtschaft zu einem bedeutenden Teil der Generierung von Wettbewerbsvorteilen führen (vgl. Barney, 1991, S.99 ff.). Es gibt aber noch eine andere Art der Innovation, welche in der H2a Hypothese thematisiert wird und ebenso ein wichtiger Faktor der Unternehmensperformance ist:

H2c: Eine gesteigerte Mitarbeiterqualität hat einen positiven Einfluss auf die vom Unternehmen erzielten inkrementellen Innovationen

Die gesteigerte Mitarbeiterqualität verbessert die Unternehmensperformance. Damit geht auch einher, dass im Bereich der Forschung und Entwicklung Verbesserungen stattfinden. Diese Verbesserungen sind häufiger vorzufinden, da die Mitarbeiter mit hoher Qualität eine enorme Ressource darstellen, welche dazu eingesetzt werden kann, entsprechende Verbesserungen zu initiieren. Eine unternehmerische Ressource, welche Erfahrung, Kompetenz und Wissen in das Unternehmen trägt, ermöglicht durch die Kombinatorik von bereits erforschten und bestehenden Produkten, neue Produkte zu entwickeln und die Fähigkeiten von diesen bestehenden Produkten zu optimieren. Denn für den Markt gibt es verschiedene Ansätze einer Positionierung. Auch inkrementelle Innovationen können für wirtschaftlichen Erfolg sorgen. Gerade in technologisch anspruchsvollen Branchen, in welchen der Produktlebenszyklus durch weiter fortschreitende Neuerungen kürzer ist, sind besonders die inkrementellen Innovationen die treibende Kraft (vgl. Ali 1994, S. 46 f.). Dabei ist das Ziel inkrementellen Innovation die Verbesserung von bereits bestehenden Produkten, Dienstleistungen oder Prozessen. Der Sinn ist eine Optimierung des Kundennutzens, einer Kostenreduktion, eine Neupostionierung oder Anpassungen um den Eintritt in neue Märkte zu erleichtern. Jedoch ist zu beachten, dass inkrementelle Innovationen oftmals kurzfristigen Erfolg forcieren, da die Verbesserungen häufig nicht in einem großen Ausmaß stattfinden. Hinzufügend sind diese inkrementellen Projekte aber oftmals risikoärmer. Dies führt zu einer weiteren Hypothese, welche sich mit dem vorherigen Schritt der IT Nutzung im Recruiting befasst und in wie weit dieser Prozess eine moderierende Wirkung erfahren kann:

> H3: Die Unterstützung des Top Managements hat eine moderierende Wirkung auf die firmeninterne Nutzung der IT im Bereich des Recruitings und die damit einhergehende positive Beeinflussung der Qualität der Mitarbeiter.

Ein wichtiger Faktor um den Effekt der Nutzung von IT im Bereich des Recruitings zu erhöhen, ist die Unterstüzung des Top Managements. Das Top Management muss den Mitarbeitern die Möglichkeit geben sich mit Thematiken der Digitalisierung auseinander zu setzen, denn nur so kann man sichergehen, dass man im Wettkampf mit der Konkurrenz nicht zurückgelassen wird. Dabei ist darauf einzugehen, dass das Top Management nicht nur die IT Arbeit des Recruitings unterstützt, sondern die im gesamten Unternehmen, da die IT Infrastruktur eine wichtige Rolle im Zusammenhang mit einer effizienten und zielgerichteten Arbeitsweise hat:

> H4: Die Unterstützung einer gut aufgebauten IT Infrastruktur hat eine moderierende Wirkung auf die firmeninterne Nutzung der IT im Bereich des Recruitings und die damit einhergehende positive Beeinflussung der Qualität der Mitarbeiter.

Die IT Struktur ist die Grundlage für eine zielgerichtete Arbeitsweise mit der IT als Werkzeug, denn nur dadurch ist gewährleistet, dass einzelne Unternehmensbereiche auf eine Zusammenarbeit abgestimmt sind. Dabei ist die IT Infrastruktur das digitale Fundament des Unternehmens, welches Daten, Netzwerke und Archtiktur komprimiert wiedergibt (vgl. Duncan 1995, S. 54 ff.; Weill and Broadbent 1997, S. 89 ff.). Die IT Infrastruktur beeinflusst die potentielle ausschöpfbare Reichweite, welche ein Unternehmen erreichen kann. Dies gilt vor allem im internationalen Kontext, da Unternehmen somit Geschäftsmöglichkeiten besser realisieren können (vgl. Keen 1991, S.296 f.). Durch die Abstimmung werden Unterdeckungen leicht ersichtlich und das Recruiting des Unternehmens ist in der Lage adäquat darauf zu reagieren.

Anhand dieser theoretischen Überlegungen und der literarischen Untermauerung über die Wirkungszusammenhänge der relevanten Variablen, wurden die zuvor ausgeführten Hypothesen gebildet. Im Anschluss werden die hypothesierten Konstrukte im Rahmen eines Hypothesensystems zueinander in Beziehung gesetzt (vgl. Jöreskog 2016, S. 341 ff.). Daher kann die Strukturgleichungsanalyse mit ihrem strukturprüfenden Charakter als hypothesentestendes Verfahren betrachtet werden (vgl. Backhaus et al. 2016, S. 335 ff.). Um die hypothetische Kausalität mit Hilfe einer Pfadanalyse grafisch darzustellen, musste jedoch die Komplexität reduziert werden.

3.1 Methodik

Um das Forschungsfeld der Einflüsse von Nutzung der IT in Unternehmensbereichen zu erweitern, wurde eine quantitative Untersuchung durchgeführt. In dieser quantitativen Untersuchung wurden über 700 HR Manager und Recruiter angeschrieben, deren Hauptarbeitsfelder im Unternehmen das Akquirieren von neuen Mitarbeitern, die Bearbeitung von Bewerbungen, die Durchführung von Bewerbungsgesprächen und die darauffolgende Einstellung der Bewerber ist. Dabei wurden HR Manager und Recruiter aus den Wirtschaftsbereichen Automobil, Biotechnologie/Medizintechnik, Chemie/Pharmazie, Bauwesen/Konstruktion, Elektrotechnik, Maschinen-/Anlagenbau, verarbeitende Industrien, wie z.B. Kunststoff, Metall und Stoffe gewählt. All jene Teilnehmer der Umfrage, die sich zu keiner der genannten Kategorien zuordnen konnten, hatten die Möglichkeit sich unter „sonstige" einzuordnen.

Sample Composition (n=79)

Industry		Firm Size (Number of Employees)	
Automobil	11,39%		
Biotechnologie/Medizintechnik	10,13%	<50	2,50%
Chemie/Pharmazie	3,80%	51-100	10,00%
Bauwesen/Konstruktion	3,80%	101-500	25,00%
Elektrotechnik	20,25%	501-2000	17,50%
Maschinenbau/Anlagenbau	16,46%	2001-10000	13,75%
andere verarbeitende Industrien (z.B. Kunststoff, Metall, Stoffe)	12,66%	>10000	31,25%
Sonstige	21,52%		
		Firm Size (Total Revenue 2017, EUR mn)	
Technology Intensity		<10	6,33%
Low-Tech	61,25%	11-50	22,78%
High-Tech	38,75%	51-200	21,52%
		201-500	10,13%
		501-1000	11,39%
		>1000	27,85%

Tabelle 1: Sample Composition (n=79)
Quelle: eigene Darstellung; in Anlehnung an Mauerhofer (2017), S. 727

Auf das Kontaktieren von Personaldienstleistern wurde strikt verzichtet, da sich deren Recruiting und Arbeit ausschließlich auf das Entgegenwirken einer personellen Unterdeckelung anderer Unternehmen bezieht und damit das Gesamtbild der Untersuchung verfälscht hätte. Des Weiteren wurde bei der Selektion der Teilnehmer darauf geachtet, dass diese sich bereits über eine Dauer von zwei Jahren in ihrem Beruf befinden, um so zu gewährleisten, dass ein tieferes Verständnis für Prozesse, Arbeitsweisen und auch die eigene Performance vorhanden ist. Weiterhin wurde eine Weitergabe des Fragebogens an Kollegen untersagt. Hiermit wäre zwar die Zahl an beantworteten Fragebögen deutlich gestiegen, für die Untersuchung aber, wäre diese schädigend gewesen. Hierbei hätte nicht geprüft werden können, ob Recruiting tatsächlich ein Aufgabenbereich der Person ist, was die vorherige Selektion zunichte gemacht und die Ergebnisse der Untersuchung verwässert hätte. Darüber hinaus hätte eine Befragung mehrerer Personalmitarbeiter des gleichen Unternehmens unterschiedliche Ergebnisse über die Unternehmensperformance und den Einsatz von Recruiting geliefert. Um die Kontaktanschriften von über 700 HR Managern und Recruitern zu erhalten, wurden sehr viele Informationskanäle verwendet, unter anderem Xing, LinkedIn, spezifische Fachgruppen auf Websites und Bewerbungsportalen, private, sowie berufliche Kontakte. Dabei wurde den potenziellen Teilnehmern eine Beantwortungszeit von 28 Tagen gegeben. Die Umfrage wurde online durchgeführt, um so zu gewährleisten, dass den potenziellen Teilnehmern das partizipieren so einfach wie möglich gestaltet wird. Zudem wurden nur Firmen angesprochen, welche auch einen Sitz in Deutschland haben, da der Fragebogen auf Deutsch gestellt wurde. Fehler durch Interpretationsspielräume beim Übersetzen wurden damit eliminiert. Die erste Erinnerung wurde nach vierzehn Tagen per E-Mail versendet, da durch das gewählte Datum bereits bekannt war, dass sich eine Vielzahl von Personen im Urlaub befand. Um diese jedoch auch noch in die Untersuchung zu involvieren, wurde die Erinnerungsmail nach der Hälfte der Befragungszeit angesetzt. Die Umfrage wurde auf www.unipark.de durchgeführt. Die empirische Untersuchung wurde an einer Stichprobe von mehreren Studentenund Hochschulabsolventen auf Plausibilität, sowieVerständlichkeitüberprüft. Die Umfrage beinhaltet fünf reflektive Konstrukte, welche insgesamt 91 Fragen abbilden. Jedoch wurden für die schlussendliche Analyse nicht alle Ergebnisse der 91 Fragen mit einbezogen. Das erste Konstrukt befasst sich mit dem Einsatz von IT-Tools im Recruiting. Damit ist besonders die Internetpräsenz des jeweiligen Unternehmens gemeint, sowie, falls existent, die Karrierewebsite mit einem E-Assessment Tool. Zudem wurde abgefragt, welche Bewerbungskanäle mitberücksichtigt werden, um die größte mögliche Menge an Bewerbern zu akquirieren. Um Tendenzen bestimmen zu können, wurden klassische, wie auch moderne

Kommunikationskanäle abgefragt. Das zweite Konstrukt handelt von Management und der Ressourcenausstattung für den Einsatz von IT im Recruiting. Dabei wird ein besonderes Augenmerk auf die Unterstützung des Top Managements gelegt, wie z.B. das Vorhandensein Datenbanken. Des Weiteren wurde abgefragt, ob ERP oder CRM Systeme im Unternehmen vorhanden sind. Das dritte Konstrukt befasst sich mit dem Recruiting des Unternehmens selbst und dessen Performance. Speziell die Bewerberzahl, sowie deren Qualität, gleichwohl aber auch die Kosten, die bis zu einer Auswahl eines Kandidaten entstehen, als auch die Kosten des Assessments werden dabei bemessen. Das vierte Konstrukt betrachtet allgemeine Informationen zu Recruiting und HR im Unternehmen. In diesem Bereich des Fragebogens werden Arbeitsweisen der HR, Aus- und Weiterbildungsmöglichkeiten, sowie neue Jobmodelle, wie z.B. Job Rotation abgefragt. Das letzte Konstrukt fragt allgemeine Informationen zum Unternehmen ab. Hierbei werden Daten wie Gewinne, Markenbildung, Umsatz, Unternehmensgröße, Branche und Geschäftsfelder in Erfahrung gebracht. Insgesamt erhielt man 79 brauchbare Antworten (response rate 10,79%). Die Tabelle 2 veranschaulicht die Komposition der Untersuchungsteilnehmer.

3.2 Auswertung

Die Untersuchung hat verschiedene Interessensfelder. Um diese genauer zu erforschen, wurden im Rahmen der Studie Konstrukte gebildet. Grund hierfür war, da die hier untersuchten Sachverhalte nicht zwangsläufig vollständig messbar sind. Dies bedeutet, dass ein Konstrukt mehrere Indikatoren beinhaltet, da bei lediglich einem Indikator ein Messfehler vorliegen würde. Die Konstrukte sind reflektiv. Des Weiteren wurde eine Likert-Skala mit sieben Auswahlmöglichkeiten verwendet. Es wurden im Verlauf der Untersuchung eine Vielzahl von Indikatoren und Variablen abgefragt. Jedoch wurde sich im Nachgang dazu entschieden, nicht alle abgefragten Items in die Analyse mit einfließen zu lassen. Social Recruiting wurde gewählt, um zu prüfen ob dieses einen Einfluss auf die Recruiting Leistung hat (vgl. Rutter/Roper/ Lettice 2016, S.3101 f.). Dies ist jedoch nicht der einzige Teilbereich des Social Recruiting, denn es ist auch noch zu beachten, dass aufgrund steigender Digitalisierung und der starken Veränderung von Arbeitsmitteln, auch Mobile Recruiting immer wichtiger wird. Grund hierfür ist der steigende Grad an Vernetzung über Smartphones. (vgl. Weitzel et al.2018, S. 6 ff.). Dies wurde in einer Studie der 1.000 größten Unternehmen deutlich, welche das Thema Mobile Recruiting als Untersuchungsschwerpunkt wählte, um Bedeutung, Möglichkeiten, aber auch Bereitstellung von Mobile Recruiting zu erforschen (vgl. Weitzel et al.2018, S. 3 ff.). Das nächste Konstrukt ist das Active Sourcing, bei welchem es sich um Lebenlaufsdatenbanken und Karrierenetzwerke für die Suche nach zukünftigen Mitarbeitern handelt. Inhalt der Netzwerke und Datenbanken können beispielsweise Lebensläufe potentieller Bewerber sein, mit deren Hilfe das Unternehmen dann entscheidet, ob es aktiv werden und den Kontakt mit diesem potentiellen Kandidaten suchen möchte (vgl. Weitzel et al. 2018, S.10 f.). Diese Art der Bewerberakquise unterscheidet sich stark vom Recruiting, da die Rollen des aktiven und passiven Akteurs vertauscht werden. Der Kontakt wird bei der Bewerberakquise nämlich aktiv von Unternehmen gesucht (vgl. Weitzel et al. 2018, S.10 f.). Dies ist eine Herausforderung für die meisten Unternehmen, da sie eine Veränderung im sonstigen Verhalten bedeutet. Das dritte Konstrukt beschäftigt sich mit der Prozess IT.

Hierbei geht es darum, welche technologischen Ressourcenverfügbar sind und auch im e-recruitment verwendet werden (vgl. Laumer/Eckhardt/ Weitzel2009, S. 8 f.). Dies soll helfen die Leistung und auch den Erfolg von Online-Recruitment zu beleuchten (vgl. Parry/Tyson2008, S. 270 ff.). Daraus ergibt sich das Konstrukt, welches die Qualität der Personalbesetzung abfragt. Sie setzt in Verhältnis, ob die Ressourcen, welche dem Recruiting, sei es aktiv oder passiv, positiv eingesetzt wurden, um eine möglichst hohe Qualität an Mitarbeitern zu generieren, welche sich dann in Individualperformance äußert (vgl. Breaugh1981, S. 144 ff.). Die Individualperformance der Mitarbeiter beeinflusst dabei das nächste Konstrukt, bei dem es um die Unternehmensperformance geht. Dabei wird untersucht, welche Faktoren zum Anstieg der Unternehmensleistung führen (vgl. Thornton/Henneberg/Naudé2015, S. 175 ff.). Dies ist jedoch nur ein Konstrukt, welches von der Mitarbeiterqualität beeinflusst ist. Zwei weitere sind die radikale und die inkrementelle Innovation. Dabei soll herausgestellt werden inwiefern die Konstrukte der radikalen und inkrementellen Innovation vom Humankapital, welches im Unternehmen verfügbar ist profitieren (vgl. Subramaniam/Youndt2005, S. 456 f.). In dem erarbeiteten Modell wurden zudem zwei Konstrukte implementiert, welche lediglich eine moderierende Wirkung haben. Dies bedeutet, dass bei einer Moderation eine dritte Variable auf die Beziehung zweier Konstrukte einwirkt: in diesem Fall die IT Nutzung im Bereich des Recruiting und der Qualität der Mitarbeiter. Diese zwei moderierenden Konstrukte werden nun dargelegt. Dies ist zum einen der Support bzw. die Unterstützung, welche die HR Abteilung und somit auch das Recruiting in der Verwendung von IT in ihrem Arbeitsbereich durch das Top Management erhält (vgl. Mauerhoefer/Strese/Brettel2017, S. 725). Dies bezieht sich jedoch auf das hollistische Unternehmensbild, da die Unterstützung des Top Managements nicht zwangsläufig auf die Verwendung von IT in einem bestimmten Bereich limitiert ist. Das zweite Konstrukt, welches einen moderierenden Effekt auf die Nutzung von IT im Bereich des Recruitings hat, ist die IT Infrastruktur und das damit einhergehende Leistungspotenzial der unternehmenseigenen IT(vgl. Mauerhoefer/Strese/Brettel2017, S. 723 ff.). Dies wirkt sich auf die Nutzungsweise und dessen Umfang aus und somit auch darauf wie effektiv die IT verwendet werden kann um einen merklichen Unterschied bei der Mitarbeiterqualität zu erzielen, sei es durch Optimierung der Prozesse oder durch die verbesserte Koordination von Neuanstellungen und der zuvor durchlaufenen Bewerbungs- und Selektionsverfahren.

4 Analyse der Ergebnisse der quantitativen Forschung

Das hier verwendete Forschungsmodellist allgemeinhin als Strukturgleichungsmodell (SGM) bekannt. Dies wurde angewandt um korrelative Zusammenhänge zwischen abhängigen und unabhängigen Variablen zu testen. Das SGM hat den Vorteil gegenüber der oftmals verwendeten multiplen Regressionsanaylse, dass das SGM zudem im Stande ist auch komplexe Dependenzstrukturen, wie beispielsweise wechselseitige Beziehungen oder Wirkungsketten darzustellen (vgl. Homburg/Pflesser, 1999, S.636). Das SGM bildet somit die zu untersuchenden Beziehung zwischen den Konstrukten ab. Das Messmodell hingegen dient dazu, die Konstrukte zu schätzen. Diese Studie hat in ihrem Umfang die Methodik der partiell kleinsten Quadrat Regression (PLS) herangezogen, da es das wohl wissenschaftlich anerkannteste, varianzbasierte Strukturgleichungsmodell ist, welches reflektive Konstrukte involviert (vgl. Chin 1998, S. 301 ff.; Hair/Ringle/Sarstedt 2011, S. 147 ff.). In diesem Fall handelt es sich somit um ein reflektives Messmodell. Reflektive Konstrukte modellieren die beobachtbaren Indikatoren als Funktion. Dies bedeutet, dass eine Kausalitätsannahme getroffen wird, bei welcher sich das Konstrukt durch eine Veränderung in allen Indikatoren ebenso verändert. Diese Veränderung des Konstrukts wird von allen Indikatoren reflektiert (vgl. Christophersen/Grape 2009, S. 104 f.). Eine andere Art der Konstrukte im SGM sind die formativen Konstrukte. Formative Konstrukte hingegen unterstellen, dass sich ein hypothetisches Konstrukt als lineare Kombination aus Variablen ergibt. In dem hier angewandten Modell wurden jedoch lediglich reflektive Konstrukte verwendet, da das Konstrukt kausal für die Indikatoren ist.

Zudem würden alle Indikatoren ihre Richtung verändern, wenn ein Indikator die Richtung ändert (vgl. Zinnbauer/Eberl 2005, S.566 ff.). Im Rahmen der Analyse der Ergebnisse der quantitativen Forschung, wurde das Programm SmartPLS verwendet, mit Hilfe dessen Qualitätskriterien wie das Construct Reliability and Validity und Discriminant Validity, sowie die finalen Resultate als Outer Loadings generiert wurden.

4.1 Hypothesentest und strukturelles Modell

Das zu grundeliegende Modell wurde anhand der Pfadanalyse und des R^2 Wertes gemessen und geprüft, um zu zeigen, ob das Modell in Verbindung zu den erhobenen Daten stimmig ist bzw. wie viele der gefundenen Korrelationen erklärt werden können. Die Pfadanalyse beschäftigt sich mit der Abhängigkeit zwischen unabhängigen und abhängigen Variablen, sowie der Kausalbeziehung zwischen ihnen und der damit verbundenen Quantifizierung der indizierten Zusammenhänge (vgl. Backhaus et al. 2016, S.582ff.). Damit ist die Pfadanalyse als ein Teil der Kausalanalyse zu betrachten. Des Weiteren werden mit der Pfadanalyse die postulierten Zusammenhänge graphisch als Beziehung dargestellt. Der R^2 Wert erklärt, wie viel Varianz der abhängigen Variable durch die unabhängige Varible erklärt wird. R^2 ist ein Gütemaßstab der linearen Regression. Je höher dieser Wert ist, desto besser geeignet ist die unabhängige Variable die Varianz der abhängigen Variable vorauszusagen. Zudem wurde eine Bootstraping Methode verwendet, um die Signifikanz aller Pfade zu bestimmen(vgl. Hair et al. 2011, S. 147 ff.). Die Ergebnisse werden von Tabelle 6 undSchaubild 2 dargestellt.

Analyse der Ergebnisse der quantitativen Forschung

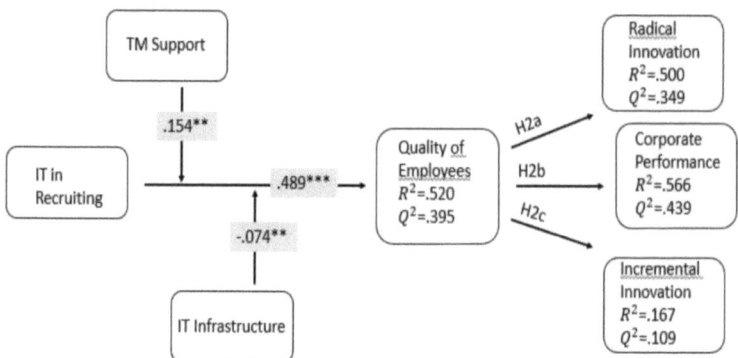

Abbildung 2: Results of PLS-SEM Modell with R2 and Q2 Values
Significant at p<.10. *Significant at p<.05. **Significant at p<.01.
***Significant at p<.001.
Quelle: eigene Darstellung

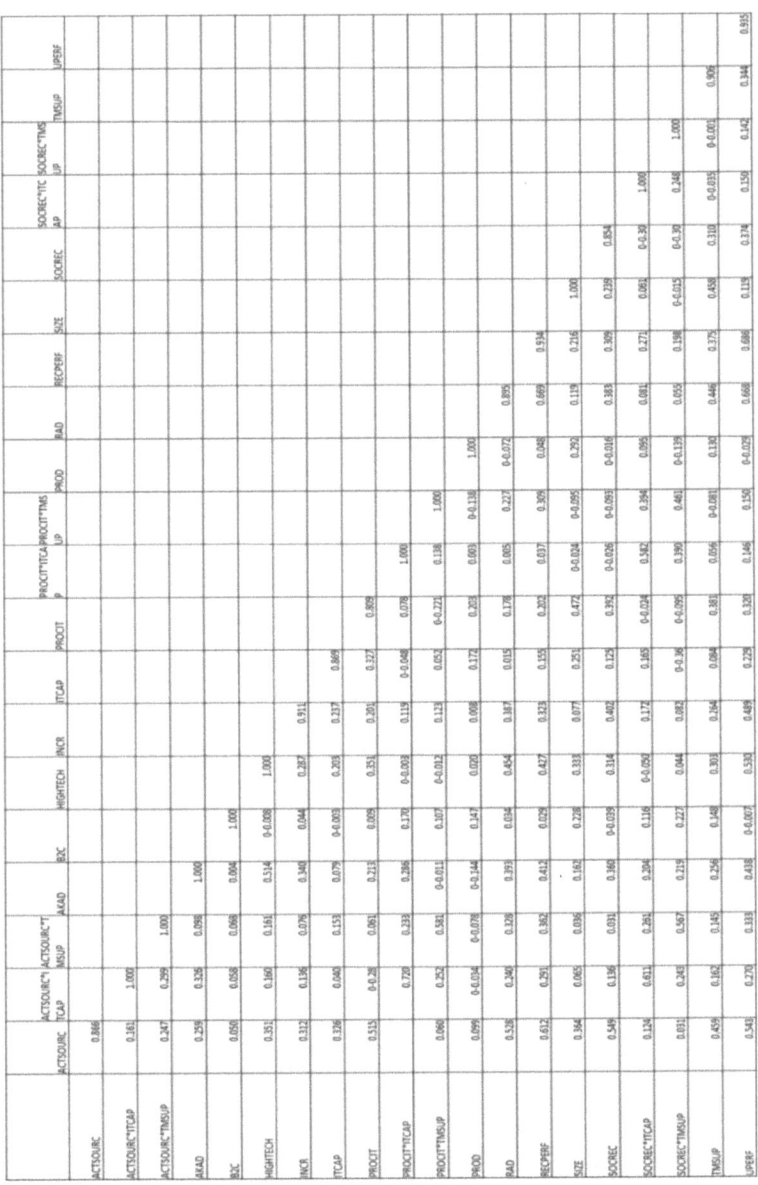

Tabelle 2: Correlation
Quelle: eigene Tabelle

Die IT im Recruiting steht in einem signifikanten, positiven Zusammenhang mit der Qualität der Mitarbeiter (ß=.489, p<.001) und unterstützt im Zuge dessen die H1 Hypothese. Wie erwartet wurde auch ein signifikanter, positiver Zusammenhang zwischen der Qualität der Mitarbeiter und der damit einhergehenden radikalen Innovation gefunden (ß=579, p<.001). Somit ist auch die H2a Hypothese bestätigt. Zudem wurde ein positiver signifikanter Zusammenhang zwischen der Qualität der Mitarbeiter und der Unternehmensperformance gefunden (ß=.555, p<.001) Daher gilt die Hypothese 2b ebenfalls als bestätigt. Die Qualität der Mitarbeiter hat zwar einen positiven Effekt auf die inkrementellen Innovationen, welche in einem Unternehmen stattfinden, jedoch ist dieser Effekt als nicht signifikant zu betrachten (ß=.195, p<.01). Daher gilt die H2c Hypothese als nicht bestätigt. Das moderierende Konstrukt des Top Management Supports der H3 Hypothese wurde ebenfalls nicht bestätigt (ß=.154, p=.01), korreliert jedoch positiv mit der IT im Recruiting. Auffälig war, dass das Konstrukt der IT Infrastruktur in keinem direkten Zusammenhang zur IT im Recruiting steht (ß=-.074, p>.10). Daher kann die H4 Hypothese als abgelehnt angesehen werden.

Analyse der Ergebnisse der quantitativen Forschung

	Path from	To	Results	ß Value	T Value	R Square	Q Square
H1	IT im Recruiting	Quality of Employees	Supported	.489***	3.376	.520	.395
H2a	Quality of Employees	Radical Innovation	Supported	.579***	6.378	.500	.349
H2b	Quality of Employees	Corporate Performance	Supported	.555***	6.146	.556	.439
H2c	Quality of Employees	Incremental Innovation	Not supported	.195**	1.538	0.167	.109
H3	TM Support	IT im Recruiting	Not supported	.154**	1.308		
H4	IT infrastructure	IT im Recruiting	Not supported	-.074**	.640		
Controls							
	HighTech	Corporate Performance		.290***	3.030		
	Size	Corporate Performance		-.104**	.917		
	AKAD	Corporate Performance		.074**	.786		
	B2C	Corporate Performance		.006**	.0079		
	PRODANT	Corporate Performance		-.021	0.250		

Tabelle 3: Hypotheses Testing and Controls Based on PLS-SEM Simulation Results
Quelle: eigene Darstellung, in Anlehnung an Mauerhofer (2017), S.731

Analyse der Ergebnisse der quantitativen Forschung

Die R^2 Werte der Qualität der Mitarbeiter (R^2 =.520), der radikalen Innovation (R^2 = .500) und der Unternehmensperformance (R^2 =.556) bezeugen, wie stark das zugrundeliegende Modell die Ergebnisse erklärt. Um die Prognosevalidität des angewandten Modells zu erklären, wurde das Stone-Geisser-Kriterium (Q^2) hinzugezogen (vgl. Geisser 1975, S. 320 ff.; Stone 1974, S. 129 ff.). Dazu wurde ein Blindfolding Ansatz verwendet, bzw. ein Bootstrapping aus der Software SmartPLS, mit welcher die Analyse stattgefunden hat. Die Qualität der Mitarbeiter (Q^2 =.395), die radikale Innovation (Q^2 =.349) und die Unternehmensperformance (Q^2 =.439) zeigen hohe positive Werte an, anhand dieser interpretiert werden kann, dass eine hohe Signifikanz der jeweilige Pfade vorliegt.

5 Diskussion

Das Ziel dieser Untersuchung ist es ein tieferes Verständnis für die Wechselwirkung zwischen der Nutzung von IT im Bereich des Recruitings und der Qualität der Mitarbeiter zu erhalten. Zudem wollte man zeigen, welche Effekte die höhere Mitarbeiterqualität auf ein Unternehmen hat. Dies wurde erfolgreich durch die Ergebnisse dieser Untersuchung vermittelt, da jene das zu grundeliegende Modell validieren. Die Ergebnisse zeigen eine starke, positive Korrelation zwischen der IT Nutzung im Bereich des Recruiting und der Qualität der Mitarbeiter. Die damit entstandene Assoziation zwischen diesen beiden Variablen, ist damit im weiteren Fortgang der Untersuchung, dass durch eine erhöhte Nutzung der IT im Bereich des Recruiting die Qualität der Mitarbeiter ebenfalls positiv beeinflusst wird. Daher unterstützt die aktuelle Untersuchung die Annahme, dass eine höhere Involvierung von IT-Tools und Programmen dazu führt, dass die Arbeitsweise innerhalb des Recruiting effektiver und effizienter wird (vgl. Weitzel et al. 2009, S. 8 f.). Dies hat zur Folge, dass die Leitungsfähigkeit dieses Unternehmensbereichs steigt, woraus eine Kostenreduktion erwartet werden kann, die sich beispielsweise aus einer Reduktion des personellen Umfangs der HR Abteilung ergibt. Dass die Mehraufwendung von Technologie im Bereich des Recruiting zu einer Steigerung der Qualität der Mitarbeiter führt, ist daher als bestätigt anzusehen. Die Qualität der Mitarbeiter ist ein zentraler Punkt dieser Arbeit, denn durch sie ist eine Organisation erst im Stande als Marktteilnehmer zu agieren. Ein weiterer Bereich der durch die aktuelle Untersuchung gestützt wird, ist die Annahme, dass eine erhöhte Qualität der Mitarbeiter im Unternehmen dazu führt, dass vermehrt radikale Innovationen entstehen, welche einen der wichtigsten Wettbewerbsvorteile gegenüber der Konkurrenz bedeuten (vgl. Diller/Lücking 1993, S. 1242 ff.). Daher ist die Annahme, dass das Unternehmen durch eine höhere Qualität der Mitarbeiter eine größere Wahrscheinlichkeit hat, radikale Innovationen im Rahmen von Produkt-, Dienstleistungs- und Prozessneuerungen zu realisieren. Dies ist ein wichtiger Faktor für Unternehmenserfolg. Dabei hat sich mit der stärksten vorliegenden Korrelation der Untersuchung bestätigt, dass diese auf einen starken Zusammenhang zwischen der Qualität der Mitarbeiter und der Unternehmensperformance hinweist. Dies hat zu bedeuten, dass der Grad an Wichtigkeit der IT in Unternehmen zugenommen hat.(vgl. Chae/Koh/Prybutok 2014, S. 306 ff.) Diese Relevanz ist aufgrund der Studienlage aber auch in Anbetracht der bestehenden Literatur wohl nicht zu bestreiten.

Jedoch müssen auch die Hypothesen thematisiert werden, welche durch die unternommene Untersuchung als abgelehnt statuiert werden können. Hierbei handelt es sich zum einen um den Zusammenhang von Mitarbeiterqualität und der verbesserten Erreichung von inkrementellen Innovationen. Die Korrelation zwischen diesen beiden Faktoren fiel zwar durch das Testmodell der Strukturgleichung positiv auf, jedoch konnte kein signifikanter Zusammenhang herausgestellt werden. Dies lässt die Annahme zu, in Anbetracht dessen, dass radikale Innovationen eine signifkante positive Korrelation zur Qualität der Mitarbeiter besitzen, dass inkrementelle Innovationen nicht so sehr auf hochqualifizertes Personal angewiesen sind. Dies könnte sich erklären lassen durch die Art und Weise, wie inkrementelle Innovationen erreicht werden. Inkrementelle Innovationen sind im grundegenommen lediglich Optimierungen oder Weiterentwicklungen von bereits bestehenden Produkten, Dienstleistungen oder

Prozessen. Diese Verbesserung impliziert lediglich eine Steigerung des Kundennutzen, eine Kostenreduktion, Neupositionierung auf dem Martk oder Justierungen an neue externe Einflüsse wie beispielsweise Neuerung von Gesetzen und Normen. Daher ist es eine mögliche Erklärung, dass für eine Verbesserung des Produktes, der Dienstleistung oder des Prozesses nicht zwangsläufig hochrangig qualitative Mitarbeiter von Nöten sind, sondern sich inkrementelle Innovationen aus der Nutzung des vorherigen Produktes, Dienstleistung oder Prozesses bilden. Eine weitere Hypothese welche abgelehnt wurde, war die H3 Hypothese. Bei dieser Hypothese handelt es sich um die Unterstützung des Top Managments, welche einen dazu animiert, aber auch motiviert eine stärkere Verwendung von IT-Tools und Programmen in die Arbeit im Bereich des Recruitings einfließen zu lassen. Dies wurde angenommen als moderierender Effekt zu wirken, um den Einfluss von IT Nutzung im Bereich des Recruitings auf die Qualität der Mitarbeiter zu verstärken. Dies wurde jedoch widerlegt, da keine Korrelation zwischen der Unterstützung des Top Managements, sowie IT Nutzung im Bereich des Recruitings und die darausfolgende steigende Qualität der Mitarbeiter festgestellt werden konnte. Eine mögliche Erklärung ist dass Top Managment Unterstützung sich zwar positiv auf Bereiche wie zeitbasierte Unternehmensperformance, Designqualität und auch die finanzielle Unternehmensperformance auswirkt, jedoch ist die Unterstützung des Top Managements als ineffektiv in hoch technologischen Umfeldern anzusehen. Dies ist besonders in dieser Studie der Fall, in welcher über 61,25% der Teilnehmer bestätigt haben, dass sie in einem hoch technologischen Unternehmen arbeiten (vgl. Swink 2000, S. 216 f.). Demnach ist das Ergebnis der Untersuchung getrennt voneinander zu betrachten. Da durch eine Vielzahl an Forschungsteilnehmer bestätigt wurde, aus hoch technologischen Unternehmen zu kommen, impliziert dies eine bereits bestehende hohe Nutzung von IT, sei es im gesamten Unternehmen oder auf den Bereich des Recruitings bezogen. Dadurch ist der unterstützende Effekt des Top Management Supports für die verstärkte IT Nutzung im Bereich des Recruitings gering ausfallend. Dies lässt jedoch den Forschungsraum für weitere Untersuchungen offen, welche sich mit der unterstützenden Wirkung des Top Management Supports im Bereich des niedrig technologischen Umfeldes eines Unternehmens und dessen Auswirkung auf die Nutzung von IT im Bereich des Recruitings befasst. Dies führt zur letzten Hypothese. Diese Hypothese handelt von der Annahme, dass eine stark ausgeprägte IT Infrastruktur einen positiven, moderierenden Effekt auf die IT Nutzung im Unternehmen hat, wodurch ein stärkerer Effekt auf die Qualität der Mitarbeiter erzielt wird. Diese Hypothese wurde im Rahmen der Untersuchung widerlegt, da keine Korrelation zwischen der IT Infrastruktur und der IT Nutzung im Recruiting festgestellt werden konnte. Ein möglicher Erklärungsansatz spielt auf die Hypothese H3 und die Erläuterung der nicht vorhandenen Korrelation an. Denn durch die Vielzahl an Studienteilnehmern aus dem Bereich der hoch technologischen Unternehmen, ist es möglich, dass aufgrund der Unternehmenszugehörigkeit kein eindeutiges Bewusstsein für die bestehende IT Infrastruktur besteht. Denn die Literatur, sowie eine Vielzahl von qualitativ hochwertigen Studien besagen, dass IT Infrastruktur ein wichtiger Faktor zur Erreichung von Wettbewerbsvorteilen gegenüber Konkurrenten ist (vgl. Broadbent/Weill/Neo 1999, S. 157 ff.). Zudem gilt die IT Infrastruktur als ein grundlegendes Indiz für die Flexibilität um neue Geschäftsmöglichkeiten zu erschließen.

Die operationale Professionalität und damit einhergehende Steigerung der Performance (vgl. Benitez/Llorens/Braojos 2018, S. 510 ff.) sind ebenfalls impliziert.

6 Schlussfolgerung, zukünftige Forschung und Limitation der Arbeit

Nachfolgendes Kapitel widmet sich der Schlussfolgerung der empirischen Analyse der Studienergebnisse, welche auf theoretischer und betriebswirtschaftlicher Ebene geführt wird. Die Schlussfolgerungen wurden durch wissenschaftliche Literatur untermauert und können auch in Bezug auf die Analyseergebnisse betrachtet und nachvollzogen werden.

6.1 Theoretische und betriebswirtschaftliche Schlussfolgerungen und zukünftige Forschung

Die im Vorfeld angestrebte Literaturrecherche zu Thematiken wie IT Nutzung im Unternehmen und deren Einflüsse auf Performance, sowie eRecruiting und die damit einhergehenden Herausforderungen wurden anhand der durchgeführten Untersuchung erforscht. Die hier dargelegte Untersuchung hinsichtlich des Einflusses von IT im Bereich des Recruitings auf die Qualität der Mitarbeiter hat einige Hypothesen bestätigen können (H1, H2a und H2b), jedoch wurden genauso einige widerlegt (H2c, H3 und H4). Daher können aus den Ergebnissen einige Schlussfolgerungen, auf theoretischer aber auch auf Management Ebene getroffen werden. Hierbei ist zu erwähnen, dass die theoretische Annahme besagt, dass eine stärkere Einbindung von IT gestützten Tools dazu führt, dass Prozesse schneller, aber eben auch verbessert durchgeführt werden. Dies führt zu einer beschleunigten Auswahl der potentiellen Bewerber (vgl. Konradt/Sarges 2003, S. 14). Zudem kann bestätigt werden, dass anhand des ressourcenbasierten Ansatzes, die Verwendung von IT im Bereich des Recruitings ein wichtiger Faktor ist, welcher die zugrundelegende Leistungsfähigkeit des Unternehmens bestärkt. Wichtig ist hierbei jedoch anzumerken, dass eine Basis für die leistungsfähige Nutzungsweise von IT im Unternehmen identifiziert und geschaffen werden muss um weiterhin kontinuierliche Innovation und eine schnelle Adaption an externe Umwelteinflüsse zu gewährleisten. Die Ergebnisse dieser Arbeit eröffnen eine Vielzahl an Forschungsfeldern. Oftmals wurde die intensivere Verwendung von IT im Unternehmen untersucht und auch die Einflüsse, welche die IT auf verschiedene Unternehmensbereiche hat. Das Feld des Personalmanagements wurde aber bei der durchgeführten Literaturrecherche nicht explizit erforscht und auch nicht zwangsläufig im Zusammenhang mit IT auf eine Leistungsteigerung des Unternehmens geprüft. Damit stellt diese Arbeit einen der ersten Anknüpfungspunkte zu dieser Thematik dar. Dies impliziert, dass IT Nutzung im Recruiting und die damit einhergehende gesteigerte Mitarbeiterqualität im Zusammenhang mit der Unternehmensperformance und anderen relevanten Erfolgsindikatoren, wie der radikalen und der inkrementellen Innovation, verstärkt als reflektive Konstrukte in der zukünftigen Forschung untersucht werden sollten. Ein weiterer Punkt, welcher aufgegriffen werden sollte, ist die Unterscheidung von radikaler Innovation, welcher durch die höhere Qualität an Mitarbeitern positiv beeinflusst wird. Dies ist eine besondere Auffälligkeit, denn im Vergleich mit der inkrementellen Innovation konnte keine signifikante Korrelation mit der höheren Qualität der Mitarbeiter nachgewiesen werden. Dies könnte an der Verteilung der befragten Unternehmen liegen, da 61,25% aus dem hoch technologischen Umfeld stammen und inkrementelle Innovationen als ledigliche Verbesserung, nicht so stark von hochqualifiziertem Personal beeinflusst werden. Diese inkrementelle Innovationen sind oftmals in Prozessoptimierungen zu

Schlussfolgerung, zukünftige Forschung und Limitation der Arbeit

identifizieren, welche nicht zwangsläufig im Fokus des Personalmanagements stehen. Ein interessantes Forschungsfeld würde sich daher ergeben, wenn speziell niedriger technologisierte Unternehmen fokussiert werden, da auch Thematiken wie die Unterstützung des Top Managements in Bezug auf die stärkere Einbindung von IT in Arbeitsprozesse, aber auch die IT Infrastruktur von Relevanz sind.

Die betriebswirtschaftlichen Schlussfolgerungen werden im weiteren Verlauf dieser Arbeit erklärt. Ein wichtiger Ansatz hierführt lässt sich direkt aus der IT Nutzung im Unternehmen beziehen. Da durch eine fortschreitende Digitalisierung der Wirtschaft, IT eine zunehmende Bedeutung erfährt, gilt es diese in alle Unternehmensbereiche als Basis zu etablieren, um nicht durch zurückbleiben oder technologische Ressourcen im Konkurrenzkampf auf dem freien Markt als wichtigen Faktor zur Sicherung der Wettbewerbsfähigkeit zu vernachlässigen. Dies bedeutet nicht, dass lediglich auf digitale Arbeitsweisen gesetzt werden soll, denn schließlich ist es auch wichtig, dass vor einer Neueinstellung mit dem Kandidaten in direkter Form kommuniziert wird. Dabei sind Telefon- und Videointerviews zur Vorselektion der potentiellen Kandidaten ein nützliches Tool. Jedoch ersetzt es nicht den persönlichen Kontakt und die persönliche Einschätzung dem Bewerber gegenüber. Dabei ist oftmals die Verwendung der bereichsüblichen Softskills notwendig, um die Eignung des Bewerbers festzustellen. Des Weiteren hat diese Studie gezeigt, dass es nicht mehr reicht, lediglich passiver Akteur auf dem Arbeitsmarkt zu sein. Es ist nicht ausreichend, wenn die Personalabeteilung oder ein Recruiter sich nur auf den Erhalt von Bewerbungen aufgrund einer vakanten Position beschränkt. Die Digitalisierung fordert die Unternehmen, gerade in Zeiten des Fachkräftemangels und des demographischen Wandels dazu auf, aktiv auf der Suche nach hochgradig wertvollen Mitarbeitern zu sein. Dies ist eine Herausforderung der Recruiter die geeigneten Active Sourcing Kanäle ausfindig zu machen und diese in einem Rahmen zu verwenden, der dazu führt qualitativ hochwertige Mitarbeiter zu akquirieren. Dies führt uns zum nächsten Konstrukt, welches untersucht wurde und für die Managementebene sehr relevant ist, die Qualität der Mitarbeiter, welche durch eine verstärkte Nutzung von IT im Bereich des Recruitings erreicht wird. Dieses Konstrukt wurde bereits, wie auch an der hier dargelegten Literaturrecherche, bereits häufig untersucht. Hierbei ist oftmals die Verknüpfung zur Unternehmensperformance geschlossen worden, jedoch gibt es einige Punkte, die auch weiterhin nicht ausreichend beleuchtet sind. Radikale Innovationen wurden in der durchgeführten Studie bereits als positiv beeinflussbar durch die Mitarbeiterqualität herausgestellt. Dies ist in Anbetracht der Verteilung der hoch - bzw. niedrig technologisierte Unternehmen jedoch ein Ergebnis, was durchaus logisch erscheint. Hier wäre jedoch auch der Forschungsbereich für niedrig technologisierte Unternehmen interessant, denn diesbezüglich wäre interessant, ob auch eine hohe Qualität an Mitarbeitern dafür verantwortlich wäre, dass vermehrt radikale Innovationen geschaffen werden. Dies führt zu einem weiteren Faktor, welcher durch die Mitarbeiterqualität beeinflusst wird: die Unternehmensperformance. Die Unternehmensperformance ist ein Forschungsbereich der bereits stark durchsucht ist und sehr häufig in wirtschaftswissenschaftlicher Literatur thematisiert wird. Unter anderem inwiefern Unternehmensperformance sich von Innovation im Unternehmen beeinflussen lässt, von IT Infrastruktur, von Unternehmensstrategien oder durch die Mitarbeiter und die Qualifikation, welche sie mit ins Unternehmen bringen.

Schlussfolgerung, zukünftige Forschung und Limitation der Arbeit

Für die Managementebene ist diese Information jedoch sicherlich von großem Interesse, dass speziell radikale Innovationen und Unternehmensperformance stark positiv mit der Qualität der Mitarbeiter korrelieren.

6.2 Limitationen

Diese Studie weist im Rahmen der Erstellung des Fragebogens der durchgeführten Befragung und der anschließenden Analyse einige Limitation auf. Zu Beginn wurde besonders intensiv mit der Likert-Skala mit sieben Auswahlmöglichkeiten gearbeitet. Diese wurde auch in zuvor unternommenen Studien oftmals verwendet, jedoch kann es sein, dass Untersuchungsteilnehmer durch eine konsistente Nutzung dieser Skala in ihren Antworten beeinflusst wurden (vgl. Podsakoff et al. 2003, S.882 ff.). Die Umfrage wurde zudem lediglich mit deutschen Firmen aller Branchen, aller möglichen Größen und alles möglichen Umsätze durchgeführt. Obwohl deutsche Unternehmen für Innovation und vor allem auch fortschrittliche Arbeitsweisen bekannt sind, ist es durchaus möglich, dass Ergebnisse in anderen Ländern oder Kulturen variieren. Eine weitere Limitation kann in der Auswahl, sowie der Menge an abgefragten Variablen identifiziert werden, da der Umfang dieser sicherlich größer gestaltet werden könnte, wodurch sich jedoch auch der Zeitumfang zur Beantwortung des Fragebogens erhöht und die Summe an Antworten verringert hätte. Des Weiteren sind zukünftige Studien und Untersuchungen dazu animiert und aufgefordert, das hier verwendete Modell zu nehmen und auch zu verbessern, um gewisse Ansätze intensiver zu verfolgen und bereits verwendeten Konstrukten mehr Beachtung zu schenken. Dabei ist vor allem den Ergebnissen mit keiner Korrelation besonderes Interesse zukommen zu lassen, denn einige Literatur besagt, dass das Top Management, genauso wie die IT Infrastruktur und die damit verbundene Leistungsfähigkeit, einen positiven Einfluss auf die Nutzung der IT hat. Jedoch sollten auch die Ergebnisse mit signifikanten Korrelationen nochmals betrachtet werden, da sich einige Konstrukte bei einer anderen Unternehmensverteilung durch einen höheren Anteil der technologieintensiveren Branchen und der darin enthaltenen Indikatoren sicherlich anders verhalten hätten.

7 Fazit

Das Ziel dieser Arbeit war zu ergründen, inwiefern die Nutzung von IT im Bereich des Recruitings eine Einflussnahme auf die Qualität der Mitarbeiter eines Unternehmens haben kann. Dies wurde in Annahme einer Korrelation mit der Unternehmensperformance verknüpft. Zu Beginn wurde folgende Frage gestellt: Was sind mögliche Einflussfaktoren auf inkrementelle, radikale Innovationen und Unternehmensperformance? Die Einflussfaktoren sind vielzählig, doch im Verlauf dieser empirischen Umfrage und Analyse sind dabei deutliche Tendenzen aufgetreten. Im Rahmen der Ergebnispräsentation wurde die Qualität der Mitarbeiter, welche positiv durch die Verwendung von IT im Personalrecruitingbeeinflusst wird, als ein wichtiger Aspekt für radikale Innovation, aber auch Unternehmensperformance identifiziert. In welchem Umfang diese positive Beeinflussung stattfindet, ist anhand der gewählten Methodik schwierig zu entschlüsseln, da die ausgewählten Indikatoren innerhalb des reflektiven Konstrukts einander beeinflussen. Jedoch ist das Ausmaß des positiven Effekts, vor allem auf finanzielle Performance, nicht ganz klar zu definieren (vgl. Bharadwaj 2000, S. 169). IT Nutzung ist demnach zwar ein wichtiger Bestandteil, um in der digitalisierten Welt wettbewerbsfähig zu bleiben und ein wichtiger Bestandteil der Kommunikation und Inforamtionsübermittlung, jedoch ist erst in Verbindung mit menschlicher Einflussnahme ein wirklicher, unternehmerischer Performanceanstieg zu vermerken. Die Verwendung von IT im Bereich des Personalrecruitings erweist sich daher als wirksames Werkzeug, um eine Performancesteigerung zu erzielen. Doch nicht nur in diesem Bereich kann IT einen Wettbewerbsvorteil erwirken, sondern auch im Bereich der radikalen Innovation, welcher oftmals in Verbindung mit einer langfristigen, positiv finanziellen Unternehmensperformance gesetzt wird (vgl. Blundell/Griffith/van Reenen 1999, S. 138 f.). Die Einflüsse von IT in der freien Marktwirtschaft werden zunehmend steigen und auch manche Berufsfelder werden davon im Rahmen der Digitalisierung betroffen sein. Jedoch ist nicht davon auszugehen, dass die Arbeit des Personalmangements, sowie das Recruiting von qualitativ hochwertigen Personal obsolet wird. Dies ist nicht feststellbar. Im Gegenteil, denn die Verknüpfung, von IT gestütztem Arbeiten und der Fähigkeit des Personalrecruiters, die korrekte Wahl zu treffen, wird zunehmend ansteigen.

Literaturverzeichnis

Alexander, L., & van Knippenberg, D. (2014). Teams in Pursuit of Radical Innovation: A Goal Orientation Perspective. Academy of Management Review, 39(4), 423–438.

Ali, A. (1994). Pioneering versus incremental innovation: Review and research propositions. Journal of product innovation management, 11(1), 46-61.

Amit, R., & Schoemaker, P. J. (1993). Strategic assets and organizational rent. Strategic management journal, 14(1), 33-46.

Amit, R., & Zott, C. (2001). Value creation in e-business. Strategic management journal, 22(6-7), 493-520.

Ansoff, H. I., & Folchert, H. (1966). Management-strategie. Verlag moderne industrie.

Backhaus, K., Erichson, B., Plinke, W., & Weiber, R. (2016). Multivariate analysemethoden. Springer Berlin Heidelberg.

Barney, J. (1991). Firm resources and sustained competitive advantage. Journal of management, 17(1), 99-120.

Bharadwaj, A. S. (2000). A resource-based perspective on information technology capability and firm performance: an empirical investigation. MIS quarterly, 169-196.

Bartlett, C. A., & Ghoshal, S. (2002). Managing across borders: The transnational solution. Harvard Business Press.

Becker, R. (2002): Verzerrte Sicht in deutschen Führungsetagen: Studie: Excellence Barometer weist unternehmerische Erfolgsfaktoren nach. In: QM-Systeme, Jg. 48, Nr. 3, S.202 – 207.

Benitez, J., Llorens, J., & Braojos, J. (2018). How information technology influences opportunity exploration and exploitation firm's capabilities. Information & Management, 55(4), 508-523.

Blundell, R., & Bond, S. (1998). Initial conditions and moment restrictions in dynamic panel data models. Journal of Econometrics, 87, 115-143.

Bonn, M. A., & Forbringer, L. R. (1992). Reducing turnover in the hospitality industry: an overview of recruitment, selection and retention. International Journal of Hospitality Management, 11(1), 47-63.

Breaugh, J. A. (1981). Relationships between recruiting sources and employee performance, absenteeism, and work attitudes. Academy of Management Journal, 24(1), 142-147.

Broadbent, M., & Weill, P. (1997). Management by maxim: how business and IT managers can create IT infrastructures. Sloan management review, 38, 77-92.

Broadbent, M., Weill P., & B.S. Neo (1999): Strategic context and patterns of IT infrastructure capability. In The Journal of Strategic Information System, Volume 8, Issue 2, June 1999, p. 157-187.

Buckley, P., Minette, K., Joy, D., & Michaels, J. (2004). The use of an automated employment recruiting and screening system for temporary professional employees: A case study. Human Resource Management: Published in Cooperation with the School of Business Administration, The University of Michigan and in alliance with the Society of Human Resources Management, 43(2-3), 233-241.

Chae, H. C., Koh, C. E., & Prybutok, V. R. (2014). Information technology capability and firm performance: contradictory findings and their possible causes. Mis Quarterly, 38(1), 305-326.

Chambers, E. G., Foulon, M., Handfield-Jones, H., Hankin, S. M., & Michaels, E. G. (1998). The war for talent. McKinsey Quarterly, 44-57.

Chin, W. W. (1998). The partial least squares approach to structural equation modeling. Modern methods for business research, 295(2), 295-336.

Christophersen T., Grape C. (2009). Die Erfassung latenter Konstrukte mit Hilfe formativer und reflektiver Messmodelle. In: Albers S., Klapper D., Konradt U., Walter A., Wolf J. (eds) Methodik der empirischen Forschung. Gabler Verlag, Wiesbaden

Chou, S. W., & Chang, Y. C. (2008). The implementation factors that influence the ERP (enterprise resource planning) benefits. Decision support systems, 46(1), 149-157.

Dess, G. G., & Davis, P. S. (1984). Porter's (1980) generic strategies as determinants of strategic group membership and organizational performance. Academy of Management journal, 27(3), 467-488.

Diller, H.; Lücking, J. (1993): Die Resonanz der Erfolgsfaktorenforschung beim Management von Großunternehmen. In: ZfB, Jg. 63; Nr. 12, S. 1229 – 1249.

Duncan, N. B. (1995). Capturing flexibility of information technology infrastructure: A study of resource characteristics and their measure. Journal of management information systems, 12(2), 37-57.

Eisenhardt, K. M., & Schoovenhoven, C. B. "Resource-based View of Strategic Alliance Formation: Strategic and SocialEffects in Entrepreneurial Firms," Organization Science (7:2), 1996, pp. 136-150.

Gardner, T. M., Erhardt, N. L., & Martin-Rios, C. (2011). Rebranding employment branding: Establishing a new research agenda to explore the attributes, antecedents, and consequences of workers' employment brand knowledge. In Research in Personnel and Human Resources Management (pp. 253-304). Emerald Group Publishing Limited.

Geisser, S. (1975). The predictive sample reuse method with applications. Journal of the American statistical Association, 70(350), 320-328.

Hair, J. F., Ringle, C. M., & Sarstedt, M. (2011). PLS-SEM: Indeed a silver bullet. Journal of Marketing theory and Practice, 19(2), 139-152.

He, J., & Wang, H. (2009). Innovative knowledge assets and economic performance: The asymmetric roles of incentives and monitoring. Academy of Management Journal, 52, 919-938.

Homburg, Ch., Ch. Pflesser, Strukturgleichungsmodelle mit latenten Variablen. Kausalanalyse, in:A. Herrmann, Ch. Homburg(Hrsg.), Marktforschung, Wiesbaden 1999, S. 633–659.

Ifinedo, P. (2008). Impacts of business vision, top management support, and external expertise on ERP success. Business Process Management Journal, 14(4), 551-568.

Jasper/Wählisch 2004: Jasper, G. und Wählisch, B., Wettbewerb um Nach-wuchs und Fachkräfte: Generationenübergreifender Dialog für berufl iche Orientierung und Entwicklung, München und Mering 2004.

Jöreskog, K. G., Olsson, U. H., & Wallentin, F. Y. (2016). Multivariate analysis with LISREL. Basel, Switzerland: Springer.

Keen, P. G. W. Shaping the Future: Business Design Through Information Technology, Cambridge, MA: Harvard BusinessPress, 1991.

Kolb, M. (2010). Personalmanagement: Grundlagen und Praxis des Human Resources Managements. Springer-Verlag.

Konradt, U.& Sarges, W. (2003). Suche, Auswahl und Förderung von Personal mit dem Intra- und Internet: Strategien, Zielrichtungen und Entwick-lungspfad. U. Konradt & W. Sarges (Hrsg.). E-Recruitment und E-Assessment: Rekrutierung, Auswahl und Beurteilung von Personal im Inter- und Intranet (S. 3-16). Göttingen: Hogrefe.

Krumbholz, M. and Maiden, N. (2001), "The implementation of enterprise resource planningpackages in different organizational and national cultures",Information Systems, Vol. 26No. 3, pp. 185-204.

Laumer, S., Eckhardt, A., & Weitzel, T. (2009). Status quo and trends in e-recruiting-Results from an empirical analysis. In Proceedings of the International Conference on Information Resources Management (CONFIRM).

Lieberman, M. B., & Montgomery, D. B. (1988). First-mover advantages. Strategic management journal, 9(S1), 41-58.

Liu, H., Ke, W., Wei, K. K., & Hua, Z. (2013). The impact of IT capabilities on firm performance: The mediating roles of absorptive capacity and supply chain agility. Decision support systems, 54(3), 1452-1462.

Maier 2009: Maier, N., Erfolgreiche Personalgewinnung und Personalauswahl, 2. Aufl age, Zürich 2009.

Mauerhoefer, T., Strese, S., & Brettel, M. (2017). The impact of information technology on new product development performance. Journal of Product Innovation Management, 34(6), 719-738.

McDermott, C. M., & O'Connor, G. C. (2002). Managing radical innovation: an overview of emergent strategy issues. Journal of Product Innovation Management: an international publication of the product development & management association, 19(6), 424-438.

Melville, N., Kraemer, K., & Gurbaxani, V. (2004). Information technology and organizational performance: An integrative model of IT business value. MIS quarterly, 28(2), 283-322.

Nandhakumar, J., Rossi, M. and Talvinen, J. (2005), "The dynamics of contextual forces of ERPimplementation",Journal of Strategic Information Systems, Vol. 14 No. 2, pp. 221-42.

Nguyen, T. H., Sherif, J. S., & Newby, M. (2007). Strategies for successful CRM implementation. Information Management & Computer Security, 15(2), 102-115.

Parry, E., & Tyson, S. (2008). An analysis of the use and success of online recruitment methods in the UK. Human Resource Management Journal, 18(3), 257-274.

Pavlou, P. A., & El Sawy, O. A. (2006). From IT leveraging competence to competitive advantage in turbulent environments: The case of new product development. Information systems research, 17(3), 198-227.

Penrose, E. T. The Theory of the Growth of the Firm, New York: Wiley, 1958.

Porter, M., & Heppelmann. (2015). How Smart Connected Products are Transforming Companies. Harvard Business Review, 93(10), 96–114.

Porter, M. E. (1980). Competitive strategy techniques for analyzing industries and competitors (No. 04; HD41, P67.).

Richenhagen, G.(2007). Demografischer Wandel in der Arbeitswelt – Stand und Perspektiven in Deutschland im Jahre 2008. Verfügbar unter: http://www.arbeit-demografie.nrw.de/includes /download/Demografie_Arbeitswelt2008.pdf (17.09.2019).

Rutter, R., Roper, S., & Lettice, F. (2016). Social media interaction, the university brand and recruitment performance. Journal of Business Research, 69(8), 3096-3104.

Scherm, E., & Süß, S. (2011). Personalmanagement. Vahlen.

Scholz, C. (2014). Personalmanagement: informationsorientierte und verhaltenstheoretische Grundlagen. Vahlen.

Steiner, H. (2009). Einführung: Online-Tests in der Personalentwicklung. In H. Steiner (Hrsg.). Online-Assessment - Grundlagen und Praxis von Online-Tests in Personalmarketing, Personalauswahl und Personalentwicklung: Grundlagen und Anwendung von Online-Tests in der Unternehmenspraxis (S. 99-104). Heidelberg: Springer.

Stone, M. (1974). Cross-validatory choice and assessment of statistical predictions. Journal of the Royal Statistical Society, 36(2), 111–147.

Suder, K., & Kilius, N. (2011). Wettbewerbsfaktor Fachkräfte. McKinsey & Company Deutschland, München.

Subramaniam, M., & Youndt, M. A. (2005). The influence of intellectual capital on the types of innovative capabilities. Academy of Management Journal, 48(3), 450-463.

Swink, M (2000): Technological Innovativeness as a Moderator of New Product Design Integration and Top Management Support. In The Journal of Product Innovation Management, Volume 17, Issue 3, p. 208-220.

Terziovski, M. (2002). Achieving performance excellence through an integrated strategy of radical innovation and continuous improvement. Measuring business excellence, 6(2), 5-14.

Thornton, S. C., Henneberg, S. C., & Naudé, P. (2015). An empirical investigation of network-oriented behaviors in business-to-business markets. Industrial Marketing Management, 49, 167-180.

Tidd, J., & Bessant, J. R. (2018). Managing innovation: integrating technological, market and organizational change. John Wiley & Sons.

Tyagi, A. A. S. T. H. A. (2012). Effective talent acquisition through e recruitment: a study. International Journal of Multidisciplinary Management Studies, 2(1), 148-156.

Weill, P., and Broadbent, M. Leveraging the New Infrastructure: How Market Leaders Capitalize on Information Technology,Cambridge, MA: Harvard Business School Press, 1998.

Weitzel, T., König, W., Laumer, S., Eckhardt, A. & von Stetten, A. (2009). Bewerbungspraxis 2010.

Weitzel et al. (2018) Social Recruiting und Active Sourcing

Weitzel et al. (2018) Digitalisierung der Personalgewinnung

Weitzel et al. (2018) Mobile Recruiting

Wottawa, H., Kirchbach, C., Montel, C. & Oen-ning, S. (2005). Psychologiegestütztes Recruiting im Internet: Stand und Perspektiven. Report Psy-chologie, 4, 160-166.

Zinnbauer, M., & Eberl, M. (2005). Überprüfung der Spezifikation und Güte von Strukturgleichungsmodellen. WiSt-Wirtschaftswissenschaftliches Studium, 34(10), 566-572.